TODO SOBRE EL BITCOIN EXPLICADO EN ESPAÑOL

Tabla de contenido

Capítulo 1: Bitcoin y Criptomoneda - Una visión general

En esta guía, aprenderá todo sobre Bitcoin (BTC) y la criptografía, cómo funcionan, por qué existen y qué tipo de tecnología está detrás de Bitcoin. No hace mucho tiempo, la gente empezó a oír las palabras "Bitcoin" y "criptomonedas".

Pocas personas fuera de las cripto-comunidades sabían lo que eran y muchos pensaron que era sólo otra moda pasajera que estaba destinada a fracasar en unos pocos años. El valor de una moneda era sólo unos pocos centavos entonces, así que obviamente no valía mucho. Por esta razón, fue ignorada por las masas. Después de todo, había inversiones mucho más rentables que se podían hacer.

Quienes invirtieron sumas de dinero en la nueva moneda digital o bien creían en el sistema propuesto por su fundador, Satoshi Nakamoto, o simplemente querían ver cómo funciona.

> *De cualquier manera, los que creyeron fueron recompensados enormemente, y siguen siendo recompensados, ya que una sola moneda cuesta ahora miles de dólares.*

Sólo le llevó a Bitcoin cinco años superar la marca de los 1.000 dólares a finales de 2013, y sólo unos cuantos años más tarde, los precios de Bitcoin están en su punto más alto - ¡muy por encima de los 30.000 dólares por un solo bitcoin!

Con los precios en alza y un crecimiento extremadamente rápido, cada vez más gente siente curiosidad por los bitcoins y las criptodivisas en su conjunto.

Una mirada a la Criptomoneda y al colorido pasado de Bitcoin

Las criptodivisas son monedas digitales de naturaleza electrónica. No tienen una forma física como el papel moneda o las monedas que probablemente tengas en tu cartera ahora mismo. No puedes sostenerlas físicamente, pero puedes comprar cosas con ellas.

Dependiendo del comerciante con el que esté haciendo negocios, puede aceptar más de una criptodivisa como pago.

Según CoinMarketCap (https://coinmarketcap.com), hay más de 8.000 criptodivisas activas en este momento. Si está buscando invertir su dinero ganado con esfuerzo, pero no puede permitirse los precios de Bitcoin ahora mismo, hay muchas criptodivisas alternativas entre las que elegir, como Ethereum, Litecoin, Ripple, Dash, Monero, Zcash, y más.

Por supuesto, le aconsejamos que investigue a fondo la cripto-moneda en la que quiere invertir, ya que no todas las cripto-monedas son iguales.

Algunas son más estables que otras y, por lo tanto, harían mejores inversiones.

Bitcoin no es la primera criptografía del mundo, pero es la más exitosa.

Muchos han llegado antes, pero todos han fracasado. ¿Y la razón del fracaso?

La moneda virtual tenía un problema inherente: era fácil duplicar el gasto.

¡Podrías pagar 100 dólares a un comerciante y usar la misma cantidad de dinero para pagar a un segundo comerciante! Los estafadores y los estafadores simplemente amaban esta laguna jurídica.

Afortunadamente, en 2007, Satoshi Nakamoto comenzó a trabajar en el concepto de Bitcoin. El 31 de octubre del año siguiente, publicó su libro blanco titulado *"Bitcoin: un sistema de dinero electrónico de igual a igual", en el que se esbozaba* un sistema de pago que abordaba el problema del doble gasto de las monedas digitales.

Fue un concepto brillante que llamó la atención de la comunidad criptográfica. El software del Proyecto Bitcoin se registró en SourceForge poco más de una semana después de que se publicara el libro blanco.

En enero de 2009, se extrajo el primer bloque de Bitcoin llamado 'Bloque Génesis'. Días más tarde, el bloque 170 registró la primera transacción de Bitcoin entre Hal Finney y Satoshi Nakamoto.

Al año siguiente, en noviembre de 2010, la capitalización del mercado de Bitcoin superó

$1,000,000! Este fue un momento crucial en el desarrollo de Bitcoin, ya que esto llevó a que más gente se interesara e invirtiera en bitcoins. El precio en este punto era de 0,50$/BTC.

Sin embargo, en junio de 2011, Bitcoin experimentó la llamada "Gran Burbuja de 2011" después de alcanzar un máximo histórico de 31,91 $/BTC. Sólo 4 días después de alcanzar su precio más alto, el tipo de cambio se desplomó a sólo 10 dólares/BTC.

Muchos inversionistas entraron en pánico al perder tanto dinero y vendieron con pérdidas. Tomó casi 2 años para que el tipo de cambio se recuperara y superara el máximo histórico anterior. Aquellos que mantuvieron sus monedas de bitcoins tomaron la decisión correcta, Ya que para finales del año 2017 el BTC alcanzo hasta ese entonces su máximo histórico cerca de los 20.000 dólares, y aunque para finales de marzo del año 2020 el bitcoin cotizaba a un precio de 4.826 dólares, y la pandemia azoto al mundo, el BTC logre ser un activo muy demandado, alcanzando un valor por encima de los 30 mil dólares a inicios del 2021, el precio ha continuado subiendo y superando las expectativas de todos.

Lo realmente interesante de Bitcoin es que, aunque todas las transacciones son públicas y no se oculta nada a nadie, nadie sabe realmente nada sobre Satoshi Nakamoto.

Muchos han especulado que no es una sola persona sino más bien un seudónimo colectivo para un grupo de desarrolladores de criptografía. Algunos se han presentado afirmando ser Satoshi, pero hasta la fecha, su verdadera identidad sigue siendo un secreto.

¿Por qué existen las criptodivisas?

Mucha gente ha empezado a pensar que las criptodivisas, Bitcoin en particular, están a punto de reemplazar nuestras monedas nacionales como el dólar americano, la libra esterlina británica, el euro, los dólares canadienses y más. Esto se debe a que las criptodivisas han empezado a convertirse en alternativas muy viables a la moneda tradicional.

Las criptodivisas existen para hacer frente a las debilidades de las monedas tradicionales que, por supuesto, están respaldadas por los bancos centrales y los gobiernos. Esto hace que las monedas tradicionales sean propensas a la corrupción y la manipulación, entre otras muchas cuestiones.

> *A diferencia de las monedas tradicionales, no hay ningún órgano de gobierno que respalde Bitcoin y otras Criptomoneda, lo que significa que no están sujetos a los caprichos de nadie.*

Bitcoin es completamente descentralizado, de código abierto y transparente. Esto significa que puede ver todas las transacciones que se han hecho en la red y puede comprobar y revisar los datos de la cadena de bloqueo por sí mismo para verificar la autenticidad de cada transacción.

Bitcoin funciona con algoritmos matemáticos altamente complejos para regular la creación de nuevas monedas de bitcoins y para asegurarse de que nunca se produzca un doble gasto en la red (recuerde, este es el talón de Aquiles de las monedas virtuales fallidas antes de Bitcoin).

El código de Bitcoin es tan seguro y avanzado que es virtualmente imposible engañar al sistema, así que, si piensas que puedes crear un número ilimitado de bitcoins, estás muy equivocado.

Uno de los principales problemas de la moneda tradicional es que no están limitadas en número. Esto significa que los gobiernos y los bancos centrales pueden imprimir más dinero cuando lo consideren oportuno.

Cuando se imprime más dinero y entra en la economía, esto reduce el poder adquisitivo de nuestro papel moneda, lo que significa que tenemos que gastar más en un artículo en el que sólo hemos gastado unos pocos dólares antes; esto se llama inflación.

Bitcoin, por otro lado, es una historia diferente. El Protocolo de Bitcoin establece que sólo se pueden extraer y crear 21.000.000 de bitcoins, lo que significa que el bitcoin es, de hecho, un recurso escaso.

Además, como las monedas nacionales, los bitcoins son divisibles, como los centavos por dólar. La unidad de moneda de bits más pequeña se llama Satoshi, y es 1/100.000.000 de una moneda de bits. Esto significa que puedes invertir unos pocos miles de Satoshis a la vez hasta que finalmente consigues un bitcoin completo.

Por supuesto, si usted va por esta ruta, puede tomarle algún tiempo para llegar a 1 BTC pero si el precio sigue subiendo, entonces comprar algunos Satoshis regularmente puede valer la pena a largo plazo.

Otra razón por la que las criptodivisas están ganando popularidad es que son muy portátiles, lo que significa que puedes llevarlas contigo a cualquier lugar.

Puedes hacer lo mismo con el dinero físico y el oro. Sin embargo, una gran cantidad llevará una pesada carga en tu cartera o bolsa.

¡Intenta poner un millón de dólares en un maletín o llevar una bolsa de oro! Ciertamente no es tan ligero como parece en las películas.

Con la criptodivisa, tienes diferentes opciones de billetera, todas ellas muy portátiles, de modo que puedes hacer pagos fácilmente cuando y donde quieras.

Los Bitcoins no están sujetos a regulaciones bancarias y gubernamentales. Esto significa que no tiene que pagar las elevadas comisiones bancarias que se generan cuando se envían pagos a otras personas.

Tampoco es necesario esperar varias horas o incluso unos días para que sus pagos se compensen o se contabilicen, ya que los pagos de monedas se realizan casi instantáneamente (normalmente en 10-45 minutos).

Cómo funciona Bitcoin

En esta sección, haremos todo lo posible para explicar el proceso de Bitcoin de la forma más sencilla posible sin entrar en demasiada jerga técnica.

Lo primero que tienes que hacer es conseguirte unos monederos. Puedes extraer esto tú mismo, recibir algunos como pago por bienes o servicios, o comprar en una bolsa de Bitcoin como Coinbase o Kraken. Hay diferentes carteras para que guardes tus nuevos bitcoins.

Puede utilizar una cartera de escritorio, una cartera (wallet) para aplicaciones móviles, una cartera de papel, una cartera de hardware o una cartera en línea. Cada tipo de billetera tiene sus ventajas y desventajas.

Sin embargo, la mayoría de los expertos están de acuerdo en que las carteras en línea, específicamente las de los sitios de intercambio, no son tan seguras porque tanto sus claves privadas como públicas se guardan en línea. Esto hace que su cartera sea muy vulnerable a los hackers.

Cuando haya seleccionado la cartera más adecuada para sus necesidades, puede empezar a hacer transacciones de bitcoin. Para enviar bitcoin a otro usuario, todo lo que tiene que hacer es obtener su dirección de correo electrónico o bitcoin, introducir la cantidad que desea enviar, escribir una nota rápida para decirles para qué es el pago (esto es opcional), ¡y pulsar el botón Enviar!

Alternativamente, si tienes el código QR de su cartera de bitcoin, puedes simplemente escanearlo y pulsar Enviar. La transacción aparecerá en la cuenta de la otra persona en un corto periodo de tiempo, normalmente entre 10-45 minutos. La razón de esta "espera" se explica con más detalle en la siguiente sección.

¡Y eso es todo! Las transacciones de Bitcoin son rápidas, seguras, baratas y la alternativa perfecta para pagar con tarjetas de crédito y débito emitidas por el banco, e incluso pagar en efectivo.

La tecnología detrás de Bitcoin

En la superficie, las transacciones de Bitcoin parecen ser rápidas y fáciles - y realmente lo son. Sin embargo, entre bastidores, la tecnología que hace que la red de Bitcoin funcione a la perfección es un enorme libro de contabilidad conocido como la cadena de bloques.

Es enorme porque contiene un registro de todas las transacciones de Bitcoin que han tenido lugar desde que Bitcoin se lanzó por primera vez en 2009.

A medida que pase el tiempo y se realicen más transacciones, el tamaño de la cadena de bloqueo seguirá creciendo. Así es como funciona la cadena de bloques:

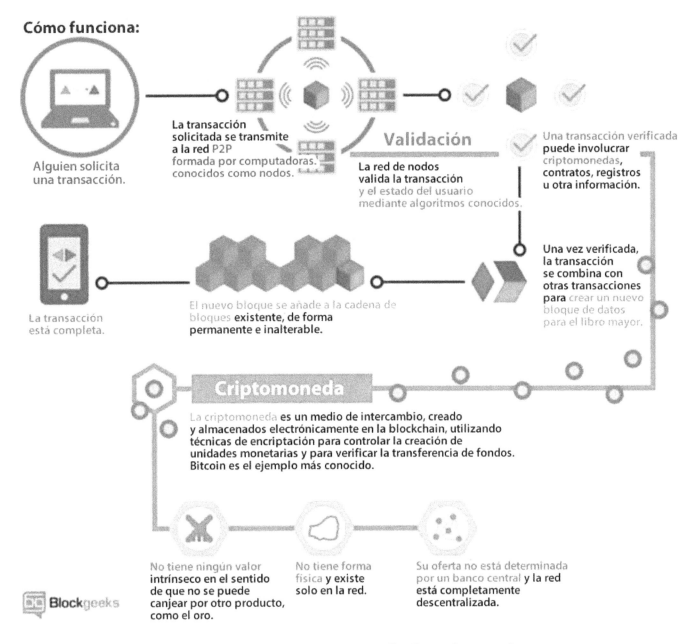

Cómo funciona:

Alguien solicita una transacción.

La transacción solicitada se transmite a la red P2P formada por computadoras conocidos como nodos.

Validación

La red de nodos valida la transacción y el estado del usuario mediante algoritmos conocidos.

Una transacción verificada puede involucrar criptomonedas, contratos, registros u otra información.

Una vez verificada, la transacción se combina con otras transacciones para crear un nuevo bloque de datos para el libro mayor.

La transacción está completa.

El nuevo bloque se añade a la cadena de bloques existente, de forma permanente e inalterable.

Criptomoneda

La criptomoneda es un medio de intercambio, creado y almacenados electrónicamente en la blockchain, utilizando técnicas de encriptación para controlar la creación de unidades monetarias y para verificar la transferencia de fondos. Bitcoin es el ejemplo más conocido.

No tiene ningún valor intrínseco en el sentido de que no se puede canjear por otro producto, como el oro.

No tiene forma física y existe solo en la red.

Su oferta no está determinada por un banco central y la red está completamente descentralizada.

Blockgeeks

(Fuente de la imagen: BlockGeeks.com)

Cuando usted envía un pago, su cartera o aplicación envía una solicitud a toda la red de Bitcoin que está compuesta por ordenadores o nodos. Estos nodos entonces validan su transacción usando algoritmos conocidos.

Una vez que su transacción es verificada y confirmada, se combina con otras transacciones para crear un nuevo bloque de datos para la cadena de bloqueo.

Este nuevo bloque se añade al final de la cadena de bloques. Cuando esto sucede, la transacción se completa y es ahora permanente.

Todo este proceso lleva unos 10-45 minutos de principio a fin (por eso las transacciones de Bitcoin no ocurren al instante). Una vez que la transacción ha finalizado, nadie puede deshacer o eliminar la transacción. La persona a la que ha enviado el pago con Bitcoin (el receptor) verá ahora su pago en su cartera.

Entonces, ¿quién verifica y confirma las transacciones si no hay un organismo central que gobierne la red?

La respuesta es los mineros. Los mineros son literalmente la sangre vital de toda la red de Bitcoin. Algunos incluso han comparado a los mineros con los hámsteres de la rueda que mantienen en marcha toda la red de Bitcoin. Y esto es cierto.

Los mineros juegan un papel tan importante en el éxito de Bitcoin que realmente merecen ser recompensados en preciosos bitcoins. Sin ellos, no se crearían nuevos bloques y se añadirían a la cadena de bloques.

Si no se agrega nada a la cadena de bloqueo, no se finalizan nunca las transacciones. Esto significa que nadie en la red envía ni recibe pagos de bitcoins. No se crearán nuevos bitcoins.

Dado que sólo hay un número limitado de monedas de bitcoins (21 millones), el número de bitcoins con las que se paga a los mineros seguirá disminuyendo hasta que todas las bitcoins se agoten alrededor de 2140.

Ahora que ya sabes de qué se trata Bitcoin y la Criptomoneda, vamos a la siguiente guía donde aprenderás cómo se determina el valor de bitcoin.

Capítulo 2: Valor del Bitcoin - Determinar el valor del Bitcoin

Bitcoin ha estado recibiendo una gran cantidad de publicidad recientemente. Es una de las muchas monedas digitales que existen hoy en día, que actúa y funciona como el dinero normal, pero que existe de forma totalmente electrónica, como los datos dentro de los ordenadores.

Y eso puede ser un poco confuso, porque si no hay una moneda física real:

- ¿Cómo puede tener valor?

- ¿Cómo se puede usar la moneda digital en un mundo físico?

Bueno, en realidad, la cuestión de cómo Bitcoin tiene algún valor no está tan lejos de la cuestión de cómo la mayoría del dinero del mundo real tiene valor.

En primer lugar, Bitcoin no tiene un valor intrínseco real, lo que significa que tiene poco o ningún uso para nosotros fuera de su contexto económico. Pero lo mismo puede decirse de la mayoría de las monedas del mundo real: el dinero sólo tiene valor porque el gobierno que lo emite dice que lo tiene.

> *Se llama "moneda fiduciaria" porque su valor no está ligado a ninguna mercancía física y depende del respaldo de un gobierno.*

Pero a diferencia de la moneda fiduciaria, Bitcoin no tiene una autoridad emisora que le dé valor. Bitcoin es una moneda descentralizada, lo que significa que no hay un organismo regulador que regule su producción y sus transacciones.

No responde a ningún gobierno u organización, por lo que no hay realmente una razón por la que debería tener valor, pero lo tiene, y todo puede reducirse a la utilidad, la escasez y la oferta y la demanda.

El valor de Bitcoin reside en su utilidad

Antes de discutir la utilidad de Bitcoin, primero debe entender los fundamentos de cómo funciona. Está conectado a la comunidad de usuarios de Bitcoin a través de una red informática, y los libros de contabilidad que utiliza Bitcoin se llaman "blockchain": las transacciones se compilan en bloques, que a su vez están conectados en cadena, de ahí el nombre.

Los encargados del libro de cuentas se llaman mineros, porque lo que hacen, esencialmente, suena muy parecido a los mineros de oro que trabajan duro para encontrar oro: trabajan por la recompensa en forma de monedas de bitcoins, que, como el oro, son limitadas en su suministro.

Así que ahora ya sabes cómo funciona Bitcoin. ¿Qué tiene que ver eso con su valor? Todo, en realidad. El valor de Bitcoin está en su utilidad: su descentralización, seguridad y facilidad de transacción.

Primero, veamos el sistema descentralizado de Bitcoin. Bitcoin está diseñado de tal manera que no hay necesidad de que ninguna autoridad gobernante lo controle. Funciona a través de una red peer-to-peer (P2P) donde todas las transacciones se registran en la cadena de bloques.

En el nivel más básico, esto significaría que no está atado a ningún estado y por lo tanto es la única moneda verdaderamente sin fronteras. Lo que significa que puede realizar transacciones con personas de diferentes países fácilmente porque está usando la misma moneda.

En un nivel más profundo, mucho más complicado, la descentralización del sistema de Bitcoin crea la posibilidad de transformar la industria financiera.

La industria financiera ofrece múltiples formas de simplificar las transacciones para facilitar la comodidad. Hay tarjetas de crédito y débito, sistemas de transferencia de dinero, transferencias bancarias electrónicas, etc. Pero todos estos sistemas necesitan tener un intermediario para funcionar, necesitan una empresa o autoridad que facilite el intercambio.

Y lo que haces cada vez que haces una transacción es que confías en el intermediario, que se encargará de hacer llegar tu dinero o de mantenerlo seguro, entre otras cosas. También está el asunto de los honorarios de transacción, que, considerados por transacción, no son demasiado, pero pueden acumularse fácilmente con el tiempo. Lo que Bitcoin hace es eliminar la necesidad de estos intermediarios.

Como ya se ha mencionado, todas las transacciones en la red de Bitcoin son registradas en la cadena de bloqueo por los mineros. Aunque la cadena de bloques y la red de mineros tiene la apariencia de un órgano de gobierno en el sentido de que mantiene un registro de todos los bitcoins existentes, sigue siendo de dominio público y por lo tanto no puede ser monopolizada.

> *Esto significa que ninguna persona o grupo de personas tiene control sobre la red, lo que a su vez significa que los bitcoins pueden permanecer totalmente transparentes y neutrales en sus transacciones.*

Pero si no hay un organismo oficial que actúe como regulador, ¿en quién puede confiar para asegurarse de que las transacciones se lleven a cabo?
La respuesta: en nadie. Y suena mal, pero en realidad es algo bueno.

El sistema de Bitcoin está diseñado para funcionar sin necesidad de confianza. Verás, no es simplemente una moneda digital, es una *criptomoneda*, lo que significa que está fuertemente basada en técnicas de encriptación para mantenerla segura.

En lugar de operar en base a la confianza del cliente, Bitcoin opera utilizando matemáticas probadas y comprobadas (más sobre eso más adelante). Engañar a la red es imposible debido a su entorno público.

No sólo eso, sino que el sistema está encriptado, de modo que para intentar cometer un fraude se necesitaría una cantidad extremadamente grande de potencia de computación, que para entonces habría sido más útil si sólo se utilizara para extraer más bitcoins.

El sistema de seguridad, además de garantizar la fiabilidad de las transacciones de Bitcoin, también garantiza la protección de la identidad de los usuarios de Bitcoin. A diferencia de lo que ocurre con las tarjetas de crédito, su número de cuenta no tiene ningún valor en sus transacciones, que en última instancia se verifican utilizando una clave pública y privada.

Funciona de la siguiente manera: usted pone una firma digital a sus transacciones utilizando su clave privada que puede ser verificada por los usuarios de la red utilizando su clave pública. Las claves están encriptadas de manera que la clave pública sólo puede funcionar si se ha utilizado la clave privada correcta en primer lugar.

Esto significa que:

1. Su identidad no puede ser robada por los criminales para hacer transacciones fraudulentas en su nombre.

2. Puede elegir permanecer completamente anónimo en la red de Bitcoin, lo que puede resultar útil para algunos.

Por último, los bitcoins tienen la posibilidad de proporcionar una facilidad de comodidad que supera los métodos de pago tradicionales que ya tenemos ahora. Según el sitio de Bitcoin, el uso de bitcoins permite "enviar y recibir bitcoins en cualquier lugar del mundo y en cualquier momento".

No hay días festivos. Sin fronteras. Sin burocracia. Bitcoin permite a sus usuarios tener el control total de su dinero".

Los bitcoins son increíblemente escasos

La moneda Fiat tiene un suministro técnicamente ilimitado en el sentido de que los gobiernos pueden producir dinero cuando quieran. Obviamente, no lo hacen porque provocará inflación, así que la producción y la liberación de dinero es controlada por el gobierno en base a una investigación intensiva de las tendencias y necesidades del mercado.
Bitcoin, como habrán adivinado, no funciona igual.

Debido a que Bitcoin está descentralizado, no hay ninguna autoridad que decida cuándo hacer nuevos bitcoins. El sistema está diseñado de tal manera que los nuevos bitcoins sólo pueden ser creados como parte de un sistema de recompensa para los mineros.

Y la recompensa es bien merecida: la columna vertebral del sistema Bitcoin es la criptografía, o el arte de escribir y resolver códigos que requiere una gran cantidad de trabajo para resolver.

Para actualizar la cadena de bloques, los mineros de todo el mundo tienen que correr para resolver un problema matemático específico llamado SHA-256, que significa Secure Hash Algorithm 256 bit.

Básicamente es un problema matemático en el que se te da una salida y se supone que debes encontrar la entrada, como resolver para x e y dado que x + y = 2.

La única manera de resolver este tipo de problema es a través de conjeturas, y para resolver el SHA-256, tendrías que pasar por una cantidad *insana* de posibles soluciones antes de encontrar la respuesta, para lo cual necesitarías un ordenador extremadamente potente (por no decir caro).

Los mineros invierten mucho dinero en estas supercomputadoras (así como en la enorme cantidad de electricidad que necesita para funcionar), todo ello para extraer nuevos Bitcoins.

Jason Bloomberg, en un artículo para Forbes, escribe que el valor de Bitcoin es representativo de este esfuerzo: porque los bitcoins para la minería requieren un trabajo duro, se vuelven más valiosos. Por lo tanto, el primer punto de su escasez es que los bitcoins son difíciles de conseguir. Se necesitaría una inversión considerable sólo para poder crear nuevos bitcoins.

Pero son aún más escasos debido al hecho de que sólo puede haber un cierto número de bitcoins en existencia, que es de 21 millones. (Si te preguntas por qué 21 millones, es básicamente porque eso es lo que está escrito en el código fuente).

> *El tope de la producción de Bitcoin está ahí para asegurar que Bitcoin nunca se hiperinfle.*

Incluso está diseñado para ser producido de manera constante: el sistema de recompensas va a la mitad cada 210.000 bloques añadidos a la cadena (es decir, cada cuatro años), con los problemas de la SHA-256 que varían incluso en dificultad dependiendo de la cantidad de mineros -más mineros significan problemas más difíciles para asegurar que no se produzcan demasiados bitcoins de una sola vez.

Proyectando esta tendencia, se estima que el último bitcoin se extraerá alrededor del año 2140. Para poner las cosas en perspectiva, hay alrededor de 16,74 millones de bitcoins en existencia en el momento de escribir este artículo.

El hecho de que cada vez se puedan extraer menos bitcoins a medida que pasa el tiempo hace que aumente el interés de la gente por la moneda, porque la rareza es deseable y altamente comercializable.

Esto aumenta el valor de Bitcoin, porque opera utilizando una red: cuanto mayor sea la red, mayor uso se le puede dar a Bitcoin.

La oferta y la demanda afectan directamente al valor de Bitcoin

El valor de mercado de Bitcoin -es decir, el dinero que la gente está dispuesta a pagar por él- sigue la misma vieja regla básica de demanda y oferta: una demanda alta aumenta su precio y una demanda baja lo disminuye.

Antes de seguir adelante, recuerde que el valor de algo no es lo mismo que su precio; el valor es lo que la gente percibe que un producto vale, mientras que el precio es lo que se paga por él. Aun así, valor y precio van de la mano: el precio de algo está directamente relacionado con su valor y viceversa.

Según un artículo en The Economist, la tendencia al alza del precio de Bitcoin es lo que impulsa a la gente a invertir en él.

La gente está invirtiendo porque creen que, siguiendo la tendencia hasta ahora, podrían vender sus Bitcoins a un precio mucho más alto en el futuro, lo cual, según el artículo, es un ejemplo perfecto de la teoría de los grandes tontos.

Básicamente, la teoría más tonta afirma que el precio de un producto no está determinado por su valor intrínseco, sino por las creencias y expectativas que los consumidores ponen en el producto.

Desde esta perspectiva, el aumento del precio de Bitcoin no sirve para aumentar su valor real, sino para hacerlo irrelevante.

El mercado está haciendo subir el precio de Bitcoin debido a la creciente creencia de que valdrá más en el futuro, no porque crean que su valor aumente con el tiempo. Sin embargo, algunas personas argumentan que el aumento de los precios de Bitcoin que se ha producido en el último año no es indicativo de que sea una burbuja.

En el propio sitio de Bitcoin, argumenta que no es una burbuja, citando que las burbujas son sobrevaloraciones artificiales de un producto que tiende a corregirse a sí mismo eventualmente.

Cita su relativamente pequeño y joven mercado como la razón de la volatilidad de los precios de Bitcoin - que "las elecciones basadas en la acción humana individual de cientos de miles de participantes en el mercado es la causa de que el precio de Bitcoin fluctúe mientras el mercado busca descubrir el precio".

Sostiene que la volatilidad de los precios de Bitcoin se debe a muchas fuerzas como:

- Pérdida de confianza en Bitcoin

- Una gran diferencia entre valor y precio no basada en los fundamentos de la economía de Bitcoin

- El aumento de la cobertura de prensa que estimula la demanda especulativa

- Miedo a la incertidumbre

- Y la antigua e irracional exuberancia y avaricia

Como tal, Bitcoin argumenta que sus crecientes precios pueden atribuirse a que cada vez más personas encuentran que el producto vale cada vez más su dinero basándose en su utilidad, validando así su valor.

Así que, en resumen: la utilidad y la escasez de Bitcoin le da valor, pero sus precios parecen enviar señales opuestas sobre si es realmente valioso o no.

Con más y más gente comenzando a mostrar interés en Bitcoin, quizás apenas estamos arañando la superficie de lo que puede ser su verdadero valor.

Capítulo 3: Diferentes técnicas para adquirir Bitcoin

Hay muchas técnicas diferentes para adquirir bitcoins, y en esta guía, le mostraremos los métodos más populares para conseguir algunas unidades de la cripto-moneda más popular del mundo.

Comprar algunos Bitcoins

La compra de monedas de bitcoins es un proceso muy simple y directo. Simplemente puede ir a un sitio web de intercambio de bitcoins como Coinbase o Kraken, y cambiar sus dólares americanos, libras esterlinas, euros, dólares canadienses y otras monedas soportadas (esto dependerá de la plataforma) en algunos bitcoins.

Por supuesto, con el valor cada vez mayor del bitcoin, esto es más fácil de decir que de hacer.

Ahora mismo, puedes esperar gastar más de 10.000 dólares por una sola moneda. La buena noticia es que no tienes que comprar una moneda entera. Cada bitcoin puede ser dividido en 100 millones de unidades llamadas Satoshis (llamado así por el fundador de Bitcoin, Satoshi Nakamoto).

Esto significa que puedes comprar unos pocos miles de Satoshis por unos pocos dólares. Aunque esto no te hará rico, al menos puedes tener una idea de cómo funcionan los bitcoins y la criptodivisa.

Aquí hay algunos de los mejores lugares donde se pueden comprar bitcoins:

Intercambios de Criptomoneda

Hay un montón de plataformas donde se puede comprar y vender cripto moneda. Las más populares que han existido desde hace unos años son Coinbase, Kraken, Gemini, Coinmama y CEX.io.

Sin embargo, tendrá que investigar si su estado o país es compatible y qué monedas y métodos de pago aceptan, ya que cada plataforma tendría sus propias normas y reglamentos.

Las tarifas de transacción también variarán en cada plataforma, por lo que definitivamente tendrá que buscar el mejor intercambio de Criptomoneda que se ajuste a sus necesidades de bitcoin.

Intercambios de efectivo

Si quiere evitar las plataformas de intercambio de bitcoin y pagar directamente en efectivo (u otro método de pago que sea popular en su área local), utilice las plataformas de intercambio de efectivo como LocalBitcoin o Wall of Coins. Estas plataformas te permiten comerciar directamente con otra persona.

No hay costosos gastos de transacción. Sin embargo, pueden cobrar una tarifa por las transacciones exitosas. Le sugerimos que busque una plataforma que ofrezca un servicio de depósito en garantía para asegurarse de que el vendedor no huye con su dinero ganado con esfuerzo.

Cambie sus otras criptodivisas por Bitcoin

Si tienes una cartera digital llena de otras criptodivisas, puedes cambiarlas fácilmente por monedas de bitcoins. Puedes ir a sitios como ShapeShift.io que te permite cambiar rápidamente tu criptodivisa sin bitcoins por monedas de bitcoins.

Ni siquiera necesitas una cuenta para hacer un intercambio. Simplemente introduzca la cantidad que desea convertir o cambiar, su dirección de bitcoin y su dirección de reembolso de Criptomoneda. ¡Ya está! Tendrás tus nuevos bitcoins en unos minutos.

Cobrar con Bitcoins

Cobrar con monedas de bitcoins no es un proceso complicado en absoluto. Simplemente necesitas tener tu propia cartera de bitcoins para que puedas empezar a recibir pagos. Para empezar, puedes crear una cartera online gratuita en Blockchain.info o Coinbase.

¡Todo lo que necesitas es una dirección de correo electrónico válida para inscribirte y empezar a recibir pagos! Una vez que tu cartera esté configurada, puedes generar un código QR o usar la dirección alfanumérica larga y enviársela a la persona de la que quieres recibir los bitcoins.

Aquí hay algunas ideas de cómo se puede pagar con monedas de bitcoins:

Trabajar para Bitcoins

Hay muchos tipos diferentes de trabajo que puedes hacer para que te paguen en bitcoin. No importa si trabajas en línea o fuera de línea, ya que hacer y recibir pagos en bitcoin es tan simple que no necesitas conocimientos técnicos para hacerlo.

Los empresarios encuentran este método de pago mucho más conveniente, ya que no tienen que esperar de 24 a 48 horas (o más para los trabajadores internacionales) para recibir transferencias bancarias de sus clientes. Pueden recibir su pago, salario o sueldo en sólo unos minutos.

Es un gran alivio para los trabajadores saber que no tienen que esperar en el limbo, inseguros de si se les va a pagar por su duro trabajo o no. A los empleadores o clientes también les gusta la idea de no pagar esas exorbitantes comisiones bancarias por hacer transferencias, especialmente a trabajadores o autónomos en el extranjero.

Con los pagos de bitcoin, pueden ahorrar mucho dinero sólo en las tasas bancarias.

Vender productos o servicios

Tanto si es una tienda online como una tienda de ladrillos y mortero, puede elegir recibir los pagos en bitcoin. Con una comunidad creciente de usuarios de bitcoin, es muy probable que consiga nuevos y repetidos clientes que harán negocios con usted simplemente porque es lo suficientemente previsor como para aceptar pagos en bitcoin.

La ventaja añadida para los clientes es que pueden enviarle fácilmente los pagos directamente desde sus carteras de monedas de bitcoins mientras usted recibe sus pagos casi al instante. ¡Es realmente una situación en la que todos ganan, tanto usted como sus clientes!

Para las tiendas online, puede utilizar plugins o scripts para empezar a aceptar pagos con bitcoin en su sitio. Si no está seguro de cómo puede hacer esto, es mejor contratar a un desarrollador para asegurarse de que está bien configurado (¡no querrá que esos pagos de bitcoin vayan a otro sitio!).

Cuando sus clientes vayan a la página de pago, verán la opción bitcoin y la seleccionarán si quieren pagar con bitcoins.

Para las tiendas locales como hoteles, restaurantes, bares, cafés, floristerías, tiendas de comestibles, etc., si quieres recibir los pagos de
Bitcoin en persona, todo lo que tienes que hacer es imprimir el código QR de tu cartera y pegarlo cerca de tu caja registradora.

Cuando sus clientes estén listos para pagar, simplemente diríjalos al código QR, hágalos escanearlo en sus teléfonos móviles, introduzca la cantidad que deben pagar, pulse Enviar y espere a que lleguen sus monedas.

¡Oh, y no te olvides de añadir un cartel gigante de 'Bitcoin Aceptado Aquí' en la entrada para invitar a la comunidad de bitcoin a entrar! ¡Para atraer aún más usuarios de bitcoin, añade tu negocio a Coinmap y otros sitios similares donde la comunidad de bitcoin se reúne y busca lugares donde pasar sus bitcoins!

Recibir consejos de los clientes

No necesitas estar en la industria de servicios para recibir propinas. Si tienes un blog, puedes crear una pasarela de pago de bitcoin donde tus fieles fans y lectores pueden darte consejos si lo desean.

No subestimes la generosidad de tu público, especialmente si produces contenido que les proporcione mucho valor. Pruébalo - ¡sólo que te sorprenderá ver algunas monedas en tu billetera después de unos días!

Completar las pequeñas tareas en los sitios web

Ahora hay muchos sitios en Internet que ofrecen monedas de bitcoins gratis (normalmente sólo una fracción muy, muy pequeña) por cada tarea que completes. Algunos sitios web requieren que complete encuestas, vea videos, haga clic en anuncios, responda preguntas, se inscriba en ofertas de prueba, descargue aplicaciones móviles, juegue juegos en línea, recomiende amigos, compre en línea y más. El pago suele ser rápido y fácil.

Algunas plataformas sólo requieren la dirección de su billetera bitcoin, mientras que otras requieren que se registre y cree una cuenta. Si bien es cierto que estos trabajos son en su mayoría pequeños y se pueden hacer en unos pocos minutos, ganar sólo unos pocos cientos o miles de Satoshis a la vez puede no valer la pena, especialmente si valoras tu tiempo. Pero si no tienes nada mejor que hacer y quieres experimentar de primera mano las alegrías de ser dueño de la criptografía, entonces tienes un montón de sitios de micro-tareas para elegir.

Únete a los grifos de Bitcoin

Los grifos de Bitcoin son sólo sitios web que regalan Satoshis gratis en intervalos de tiempo establecidos. Estos sitios traen una gran cantidad de tráfico de personas que quieren obtener monedas de bitcoins gratis, así que espera mucha competencia y, dependiendo de dónde se encuentre el grifo, tiempos de carga lentos.

Algunos grifos regalan Satoshis sin trabajo, es decir, sólo necesitas tener el sitio en tu navegador, mientras que otros requieren que resuelvas pequeñas tareas antes de ganarte tu Satoshis (muy parecido a los sitios web de microtareas que hemos discutido en la sección anterior).

Sitios como estos son una gran pérdida de tiempo también, así que depende de ti si puedes permitirte el lujo de cambiar tu precioso tiempo por unos pocos Satoshis.

Mina tu propio Bitcoin

Los mineros de Bitcoin juegan un papel muy importante en la red de Bitcoin. Sin los mineros, no habría nuevos Bitcoins, y no se confirmarían las transacciones. Los mineros de Bitcoin son tan importantes para el ecosistema de Bitcoin que son justamente recompensados con bitcoins por su duro trabajo. Sin embargo, la minería de Bitcoin no es tan rentable como parece.

Cuando Bitcoin estaba todavía en su infancia, los mineros recibían 50 bitcoins por cada bloque minado. Pero cada 210.000 bloques (esto es alrededor de 4 años), la recompensa se reduce a la mitad. Así que esto significa que los 50 bitcoins iniciales se redujeron a la mitad en 25 bitcoins.

Y ahora, en este momento en particular, la recompensa del bloque ha bajado a 12,5 monedas de bitcoins. Si se considera el precio de una moneda de bitcoins en este momento (más de 30.000 dólares), sigue siendo una recompensa muy atractiva. Y los expertos predicen que el precio seguirá subiendo a medida que el número de monedas de bitcoins existentes aumente lentamente, también, y la demanda de más monedas de bitcoins siga aumentando.

La extracción de monedas de bitcoins no es un trabajo fácil, como cualquier otro trabajo físico de minería en el mundo real. Los mineros de Bitcoin pueden no ensuciarse con el hollín y el barro, pero sus potentes ordenadores sí.

La dificultad de extraer nuevos bloques ha aumentado tanto que los mineros individuales están encontrando extremadamente difícil resolver funciones criptográficas complejas por su cuenta. Muchos mineros o grupos de mineros diferentes compiten por descubrir un nuevo bloque y la dificultad de extracción se encuentra ahora en niveles extremadamente altos.

La mayoría de los mineros, si no todos, se ven obligados a trabajar en piscinas mineras en las que varios mineros trabajan juntos como grupo para añadir nuevas transacciones a la cadena de bloques. Cuando se extrae un nuevo bloque, la recompensa se divide de acuerdo con el trabajo que ha hecho el ordenador de cada minero.

La minería de monedas no es barata. No puedes usar cualquier ordenador, ya que resolver funciones criptográficas requerirá mucha de la potencia de procesamiento de tu ordenador.

Ni siquiera un ordenador portátil o de sobremesa de gama alta puede hacer el trabajo ya - ¡es realmente tan difícil extraer nuevos bloques de bitcoin hoy en día!

Incluso si te unes a los consorcios mineros, tendrás que invertir mucho dinero para comprar el hardware adecuado. Al principio, una poderosa CPU (Unidad de Procesamiento de Computadoras) y GPU (Unidad de Procesamiento Gráfico) eran suficientes para extraer nuevos bloques. Sin embargo, a medida que la dificultad de extraer bitcoins ha ido aumentando, se ha necesitado más potencia de procesamiento.

Hoy en día, un chip ASIC (Circuito Integrado de Aplicación Específica) se considera la única manera de tener éxito en la minería. Un chip ASIC para la minería de monedas de bitcoins está diseñado específicamente para la minería de monedas de bitcoins. No puede hacer ninguna otra tarea aparte de la extracción de monedas.

Aunque esto puede ser visto como un inconveniente para algunos, recuerde que la minería es un trabajo duro. Necesitas todos los recursos que puedas usar para encontrar el siguiente bloque de transacciones para que puedas añadirlo a la cadena de bloques y obtener monedas de bitcoins recompensadas en el proceso. Los mineros profesionales encuentran este hardware muy poderoso que otras tecnologías utilizadas en el pasado.

Además, no tiene tanta hambre de energía como otros equipos de ahí fuera. Sin embargo, seguirá consumiendo mucha energía, así que considera que si estás preocupado por tus facturas de electricidad.

Si está dispuesto a comprar la tecnología para extraer monedas de bitcoins así como a pagar facturas de energía más costosas, entonces la extracción de monedas de bitcoins será una gran manera de adquirir esta particular criptomoneda.

Sin embargo, nos gustaría decir que este no es un trabajo para los no iniciados. Es mejor dejar esta tarea a los expertos o a aquellos con un profundo conocimiento de cómo funciona la minería del bitcoin. Como le hemos mostrado en esta guía, hay muchas maneras de adquirir monedas que no requieren una inversión saludable de tiempo y dinero.

En el próximo capítulo, entraremos en más detalles sobre la minería de bitcoin, y verás por ti mismo si es algo en lo que quieres involucrarte.

Capítulo 4: Minería de Bitcoin - Todo sobre la minería de Bitcoin

En esta guía, cubriremos todo lo que hay que saber sobre la minería de Bitcoin para que pueda averiguar si esto es algo que le gustaría hacer para obtener su justa cuota de Bitcoins.

Bitcoin ha estado en las noticias mucho hoy en día, y su precio actual es una fuente de interés para mucha gente alrededor del mundo. Hace unos años, mucha gente etiquetó a Bitcoin como una estafa, pero ahora se ve, junto con otras criptodivisas, como el futuro del dinero.

> *Las criptodivisas, como monedas virtuales o digitales, no tienen propiedades físicas y necesitan ser "minadas" electrónicamente.*

Antes de entrar en detalles, nos gustaría definir primero los términos más comunes usados en la minería de Bitcoin para que pueda entender fácilmente cómo funciona este proceso altamente técnico.

Términos de minería de Bitcoin que debería conocer

Bloqueo: Los datos relacionados con las transacciones se almacenan en una página conocida como bloque.

Bitcoins por bloque: Este es el número de bitcoins recompensados a los mineros por cada bloque extraído y añadido a la cadena de bloques. La recompensa inicial por bloque fue de 50 bitcoins pero cada 210.000 bloques, la recompensa se divide por 2. Actualmente, la recompensa es de 12,5 bitcoins por bloque.

Dificultad de **Bitcoin**: Con un número creciente de mineros, la minería de Bitcoin también aumenta su dificultad. El tiempo medio ideal de minería definido por la red es de 10 minutos por bloque.

Tasa de **electricidad**: Para calcular cuánto estás ganando, necesitas revisar tu factura de electricidad. Esto puede ayudarte a juzgar cuánta electricidad se consume por su computadora de minería a cambio de sus ganancias de bitcoin. ¿Estás obteniendo ganancias, alcanzando un punto de equilibrio o perdiendo? Estas son preguntas importantes que todos los mineros deben hacerse.

Hash: En la minería de Bitcoin, un hash puede ser visto como un problema relacionado con las matemáticas. La máquina minera necesita resolverlo para ganar recompensas.

Hash Rate: El tiempo que toma resolver estos problemas de hachís se llama Hash Rate. La tasa de hash aumenta con el número de mineros en la red de Bitcoin. MH/s (Mega hash por segundo), GH/s (Giga hash por segundo), TH/s (Terra hash por segundo) y PH/s (Peta hash por segundo) son algunas de las unidades que se utilizan para medir las tasas de hash.

Cuotas de la **piscina**: Los mineros se unen a un grupo de mineros conocido como "grupo de mineros". Al igual que la minería natural, los mineros aquí minan juntos ya que les ayuda a resolver esos complejos problemas de hachís más rápido. Tienes que pagar cuotas a la piscina para que pueda continuar sus operaciones. Cuando finalmente se extraen las monedas, se distribuyen a los mineros con respecto a sus tasas de hachís.

Consumo de energía: No todas las máquinas mineras consumen la misma cantidad de electricidad. Así que antes de comprarse una máquina cara, debe comprobar primero cuánta energía consumirá.

Marco de **tiempo**: Esta es una duración que necesitas definir para ver cuánto estás extrayendo. Por ejemplo, se define un marco de tiempo de 45 días. Esto significa que después de 45 días, calcularás cuántas monedas de bitcoins has extraído durante este período. Definir un marco de tiempo puede ayudarte a ver si estás produciendo más o menos que tus compañeros mineros.

Hardware de minería de Bitcoin comúnmente usado por los mineros

CPU (Unidad de Procesamiento de Computadoras):
Al principio, la minería de bitcoin era increíblemente fácil y se podía extraer fácilmente en las CPU de escritorio normales. Sin embargo, a medida que el número de mineros aumentaba, la extracción de bitcoin en la CPU se hizo más difícil y causó que los discos duros de las computadoras fallaran.

GPU (Unidad de Procesamiento Gráfico):

Con el aumento del número de mineros en la red, el uso de las GPU comenzó a ganar popularidad cuando la gente se dio cuenta de que eran más eficientes para la extracción de bitcoin.

Algunas GPU avanzadas incluso permitieron a los mineros aumentar su productividad minera entre 50 y 100 veces más en comparación con la minería de la CPU. La gente también comenzó a alterar la configuración de su BIOS para maximizar sus recompensas. Las tarjetas de Nvidia y ATI se dispararon a la popularidad como resultado.

FPGA (Field-Programmable Gate Array):

El FPGA es un circuito integrado creado con el objetivo de realizar la minería de bitcoin. La minería de la GPU estaba resultando no ser tan rentable para todos debido al aumento de los costos de la electricidad. La

FPGA fue diseñada para consumir menos energía, por lo que los mineros pasaron de las GPU a las FPGAs.

ASIC (Circuito Integrado de Aplicación Específica):

Con la llegada de la tecnología ASIC, la FPGA fue superada como el principal hardware utilizado en la minería de bitcoin. El ASIC es un chip de ordenador que se utiliza únicamente para la minería de criptodivisas como los bitcoins u otras monedas que utilizan el algoritmo SHA-256.

A diferencia de otros equipos de minería, los ASIC no pueden ser utilizados para hacer otras tareas que no sean la minería. En este momento, este es el estándar de oro por el que juran los mineros, ya que estos potentes chips resuelven más problemas en menos tiempo y además consumen menos electricidad.

El papel de la minería en la creación de nuevos bitcoins

Puedes tener monedas de bitcoins usando algunos métodos. La forma más fácil es comprar algunos bitcoins en una plataforma de intercambio de Bitcoin aunque, por supuesto, los precios de los bitcoins son tan altos ahora que tendrá que hacer una inversión considerable.

El otro método es no usar dinero y en su lugar simplemente extraer monedas de bitcoins usando el hardware de la computadora.

Es importante señalar aquí que el propósito principal e integral de la minería es la creación o la liberación de nuevas monedas de bitcoins que pueden estar disponibles en la red.

Actualmente, ya se han extraído unos 16 millones de bitcoins de los 21 millones de bitcoins posibles que se pueden crear.

¿Qué es la cadena de bloques?

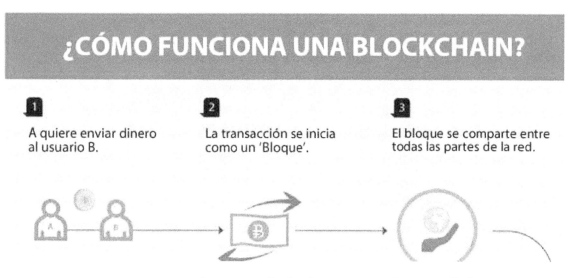

(Fuente de la imagen: Biz2Credit)

A diferencia de las transacciones monetarias normales que se confirman y regulan a través de los bancos, los datos de las transacciones de las criptodivisas aparecen en un libro público conocido como "cadena de bloqueo".

Cada bloque puede decirse que es una página que contiene los datos de las transacciones. Por eso se llama "cadena de bloques". La minería ayuda a confirmar estas transacciones en una cadena de bloques.

Los mineros también ejecutan hachís criptográfico en bloques. Un hash requiere cálculos complejos.

Estos hashes son importantes porque hacen que un bloque sea seguro. Una vez que un bloque ha sido aceptado en la cadena de bloques, no puede ser alterado. Los mineros validan anónimamente estas transacciones.

Por su ayuda, los mineros son recompensados con monedas de oro. "Prueba de trabajo" es el término acuñado para la asistencia de los mineros en la validación de las transacciones.

¿Qué es exactamente la minería de Bitcoin?

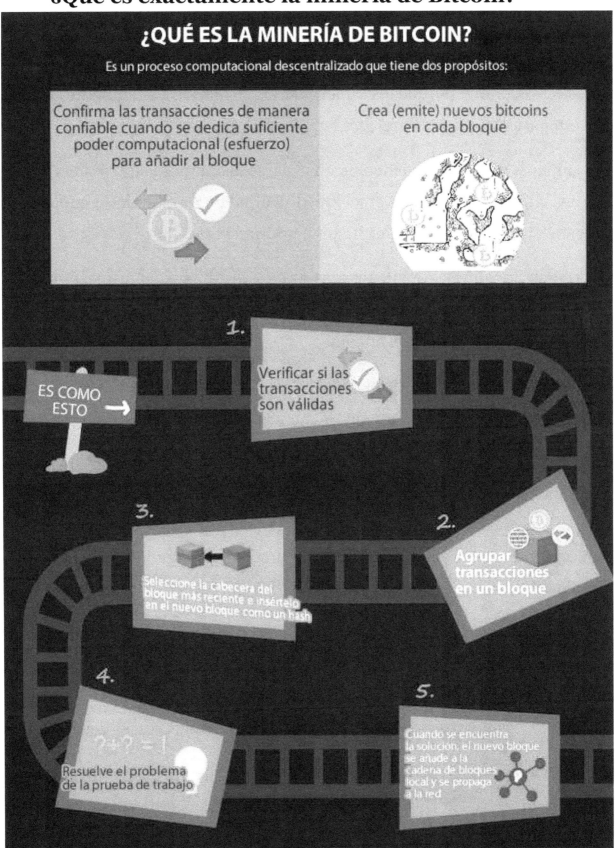

El término "minería" se utiliza a menudo con los recursos naturales como el oro, la plata y otros minerales. Estos recursos son limitados en su suministro y por lo tanto son productos muy valiosos, muy parecidos a Bitcoin.

Del mismo modo, "minería" es el término utilizado por el fundador de Bitcoin, Satoshi Nakamoto, porque los mineros se adentrarán esencialmente en la red de Bitcoin para extraer esas preciosas monedas.

Los mineros de Bitcoin pueden no ensuciarse las manos y las rodillas para extraer bitcoins, pero con la creciente dificultad de resolver las complejas funciones criptográficas de hash, ¡bien podrían serlo!

El proceso de minería de Bitcoin crea estos 2 resultados: el primero es que asegura y verifica las transacciones que están ocurriendo en la red de Bitcoin, y el segundo es que crea nuevos bitcoins.

La minería de Bitcoin implica el uso del algoritmo SHA-256. SHA son las siglas de Secure Hashing Algorithm, que es un algoritmo computacional que se utiliza para la encriptación.

Dado que el Bitcoin es un tipo de moneda descentralizada, lo que significa que ningún organismo o autoridad central da permisos a los mineros, cualquier persona con acceso a la electricidad y a una máquina de minería puede extraer bitcoin.

Sin embargo, estas máquinas mineras son en sí mismas muy costosas ya que se necesitan chips de computadora especializados para extraer la moneda de bitcoins de manera eficiente, ya que esas complejas funciones de hachís que los mineros necesitan resolver se vuelven más complicadas con el tiempo.

En los primeros días, podías usar la CPU (unidad de procesamiento de la computadora) y la GPU (unidad de procesamiento de gráficos) de tu computadora para resolver problemas de hachís, pero hoy en día los problemas son tan complicados, ¡que los mineros están montando costosas plataformas y formando grupos de mineros para unir sus recursos informáticos!

A los mineros individuales no les queda otra opción que unirse a los grupos mineros porque sus máquinas individuales no pueden manejar la difícil carga de trabajo.

La minería de Bitcoin y la dificultad de la minería

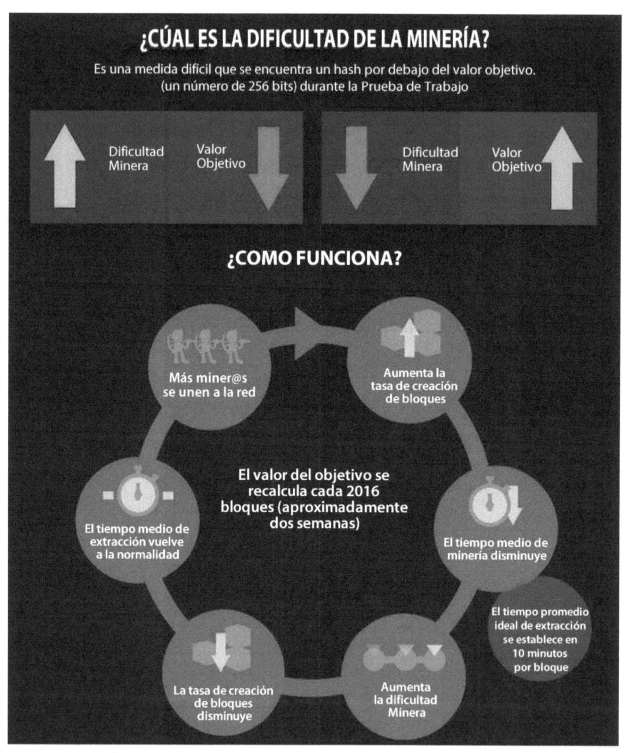

Las computadoras involucradas en la minería de bitcoin tratan de resolver problemas matemáticos complejos que son casi imposibles de resolver para un ser humano. Estos problemas no sólo se están volviendo cada vez más difíciles, sino que también consumen mucho tiempo para las computadoras, ya que su resolución requiere mucho tiempo y energía eléctrica.

¡De hecho, los mineros expertos estiman que aproximadamente 150.000 dólares de electricidad son utilizados cada día por los mineros de Bitcoin en todo el mundo!

En promedio, los mineros de Bitcoin tardan unos 10 minutos en encontrar un nuevo bloque, y cada bloque contiene unas 2.000 transacciones. Estos 10 minutos es el tiempo necesario para que las transacciones de Bitcoin sean validadas por la red y formen un nuevo bloque.

Por lo tanto, se crea un nuevo bloque cada vez que se resuelven estos complejos problemas. Este proceso se conoce más comúnmente como "Prueba de Trabajo", y esto elimina la posibilidad de tener sólo unos pocos mineros minando todos los bitcoins restantes por sí mismos.

Dado que la red de Bitcoin está descentralizada sin que un organismo central verifique las transacciones, este sistema autogestionado significa que cada minero es una parte integral del sistema. Sin los mineros, no habría Bitcoin, simple y llanamente. Debido al importante papel que juegan los mineros en la red de Bitcoin, son recompensados de varias maneras.

En primer lugar, se envían a los mineros las tarifas de transacción que los usuarios pagan por cada transacción de bitcoin. En segundo lugar, la red recompensa a cada minero ganador con un número determinado de bitcoins; la segunda recompensa es importante porque es la única manera de crear nuevos bitcoins. Por lo tanto, los mineros tienen que seguir extrayendo para que se creen más bitcoins y se liberen en la red.

En 2009, cuando el primer bloque de Bitcoin fue extraído por el propio Satoshi Nakamoto, la recompensa fue de 50 bitcoins por cada bloque. Sin embargo, la recompensa se reduce a la mitad cada 210.000 bloques o aproximadamente 4 años.

Esto significa que 210.000 bloques después de que el bloque del génesis (o el primero de la historia) fuera extraído, el minero que extrajo con éxito el bloque 210.001 sólo fue recompensado con 25 monedas de bitcoins; esto ocurrió el 28 de noviembre de 2012.

Luego otros 210.000 bloques más tarde, el 9 de julio de 2016, la recompensa se redujo de nuevo a la mitad, esta vez en monedas de 12,5 bitcoins. Se espera que en algún momento del año 2021, los siguientes 210.000 bloques se completen y la recompensa baje a 6,25 monedas de bitcoins.

Otra cosa interesante a destacar es que mientras las recompensas son cada vez más pequeñas, la dificultad de la minería está aumentando. Hay mucha más competencia ahora, y los mineros solitarios encuentran casi imposible encontrar un solo bloque por sí mismos. Unirse a grupos de mineros permite a varios mineros unir sus recursos, pero esto también significa que están compartiendo la recompensa del bitcoin entre ellos.

La minería de nubes Bitcoin - ¿Una alternativa para unirse a las piscinas mineras?

¡Cuidado! Las plataformas de minería en nube de Bitcoin están llenas de operaciones de estafa al estilo Ponzi. Mientras que algunos ven esto como una gran alternativa a las piscinas mineras, sólo hay unas pocas operaciones mineras de nubes legítimas.

En teoría, la minería de nubes es la solución perfecta para la gente que quiere extraer bitcoins sin comprar sus propias computadoras de minería y unirse a un grupo.

No necesitan preocuparse por la electricidad y todos los demás problemas con los que los verdaderos mineros tienen que lidiar. En resumen, todo lo que tienen que hacer es pagar la cuota de suscripción y esperar a que sus ganancias de bitcoin sean enviadas a su cartera. Suena genial, ¿verdad?

Mucha gente se siente atraída por este modelo, y por supuesto, los estafadores y ladrones están dispuestos a echarles una mano y liberarles de su dinero.

¿Es rentable la minería de Bitcoin?

Esta pregunta del millón de dólares te dará muchas respuestas diferentes. Algunas te animarán a seguir adelante y a extraer, mientras que otras te dirán que el tiempo de extraer monedas ya ha pasado. Con los precios de los bitcoins continuamente rompiendo récords y alcanzando máximos históricos, la inversión puede valer la pena.

Pero Bitcoin es una cripto-moneda tan volátil, y nunca podemos predecir la dirección que tomará su precio, por lo que es un gran riesgo para los mineros también cuando el precio cae.

Capítulo 5: Almacenamiento de Bitcoin - Almacene de forma segura su Bitcoin y otras criptodivisas

Mantener tus bitcoins a salvo de miradas indiscretas, robots maliciosos, hackers y ladrones comunes no es fácil. Parece que todo el mundo quiere un trozo de bitcoin hoy en día.

Si la gente sabe que has invertido en Bitcoin en los primeros días, y todavía tienes tu inversión contigo, entonces saben que estás literalmente sentado encima de una fortuna. No queremos sonar siniestros, pero es triste que algunas personas hagan cualquier cosa por dinero o, en este caso, por Bitcoin.

Hay muchas maneras de mantener su preciosa fortuna digital a salvo. Al igual que con el papel moneda, puedes almacenar diferentes cantidades de monedas en diferentes tipos de billeteras. Algunas son carteras "calientes" mientras que otras se consideran "frías". Aprenderás más sobre estos tipos de carteras a medida que vayamos revisando cada una de ellas en esta guía.

Es importante mencionar aquí que cuando decimos "mantener los bitcoins a salvo", en realidad nos referimos a mantener la "llave privada" a salvo. Dentro de tu cartera, tus monedas tendrían una dirección asociada, y cada dirección de una moneda está compuesta de una "clave pública" y una "clave privada".

La clave pública es la dirección de bitcoin en sí misma, y puede ser compartida con cualquiera. La clave pública puede ser comparada con una dirección de correo electrónico. Todo el mundo que conozca su dirección de correo electrónico puede enviarle correos electrónicos.

La clave privada es análoga a la contraseña de tu correo electrónico. Sin una contraseña, nadie puede leer tu correo electrónico. De la misma manera, sin una clave privada, no puedes hacer una transacción para enviar bitcoins a otro usuario. Por eso es de suma importancia mantener la clave privada segura.

Si los hackers se apoderan de tu clave privada, pueden enviar TODOS tus bitcoins a sus propias cuentas.

Debido a la forma en que Bitcoin está diseñado, no hay forma de saber a dónde se enviarían los bitcoins y no hay ninguna posibilidad de recuperarlos. Las características más atractivas de Bitcoin, tales como transferencias casi instantáneas, transacciones anónimas e irreversibles, son también sus mayores preocupaciones si le roban sus claves privadas.

Una vez que tus bitcoins son robadas y transferidas a otro usuario, realmente no tienes otra opción que aceptar el hecho y seguir adelante. No hay nada más que puedas hacer.

Así que pasemos a cómo puedes mantener tus claves privadas, y tus bitcoins, a salvo de hackers y ladrones.

Carteras en línea

La forma más fácil de empezar con los bitcoins es consiguiendo una cartera online. Ni siquiera necesitas tener bitcoins todavía para conseguir tu propia cartera. Simplemente puedes ir a sitios como Blockchain.info, Coinbase.com y otras plataformas de intercambio de bitcoins para crear tu primera cartera. *Las carteras en línea o en la web son geniales para aquellos que se mojan los pies con bitcoins y para aquellos que aún no tienen un inventario considerable de bitcoins.*

Son fáciles de configurar, son muy convenientes y se puede acceder a ellos desde cualquier lugar con una conexión a Internet. Las carteras en línea son "carteras calientes" por esta misma razón - ¡cualquiera puede acceder a su cartera, también!

De hecho, lo que es aún peor es que la mayoría de las carteras de la web almacenan tus claves privadas en sus servidores, así que, si la plataforma es hackeada, entonces tus bitcoins son tan buenas como si se hubieran ido.

De la misma manera, si un serio fallo técnico ocurre en el sitio, sus claves privadas podrían estar comprometidas o totalmente desaparecidas. También está la amenaza muy real de que la plataforma limite o suspenda su cuenta. Puede que sin saberlo vayas en contra de los términos de servicio del sitio o algo similar, y pueden cerrar tu cuenta, y tus claves privadas, para siempre.

Si tienes un gran alijo de monedas, es mejor que las pongas en una cartera "fría" más segura que no esté conectada a Internet. No tener control sobre tus monedas es un pensamiento aterrador y no deberías arriesgarte.

Si bien existen riesgos inherentes a las carteras en línea, no todo es malo, especialmente si se realizan transacciones con frecuencia. Puede guardar unas cuantas monedas en su cartera en línea para esas transacciones regulares y mantener el resto en una cartera más segura.

De esta manera, podrás seguir experimentando la comodidad de una billetera en línea y al mismo tiempo tener la tranquilidad de que un gran porcentaje de tus monedas de bitio están fuera de peligro.

Carteras para móviles

Al igual que las carteras online, las carteras para aplicaciones móviles también son carteras "calientes" porque puedes acceder fácilmente a tus bitcoins en cualquier lugar donde tengas una conexión a Internet. De todas las billeteras de esta guía, las billeteras móviles son las más convenientes. Puede que no sea la más segura, pero nadie puede negar su conveniencia.

Puede enviar pagos con bitcoin a cualquier comerciante en línea o fuera de línea. Algunas carteras web tienen una contraparte móvil. Por ejemplo, tanto las carteras móviles de Blockchain.info como las de Coinbase están sincronizadas con sus carteras web, lo cual es realmente muy conveniente ya que ambas carteras se sincronizan automáticamente para que pueda ver su saldo cuando inicie sesión o acceda a cualquiera de ellas.

Esta conveniencia es precisamente la razón por la que más negocios locales deberían aceptar pagos con bitcoins. La comunidad Bitcoin está creciendo a un ritmo exponencial, y estos usuarios inteligentes estarían instalando carteras móviles en sus iPhones y smartphones Android.

Probablemente no hay una forma más fácil de que paguen que escanear el código QR de tu dirección de bitcoin y pulsar el botón de enviar para pagar tus productos o servicios.

Sin embargo, no todo es bueno con las carteras móviles. Por ejemplo, los hackers pueden seguir accediendo a sus claves privadas, ya sea que estén guardadas en un servidor de terceros o en su teléfono móvil.

Si pierdes tu dispositivo móvil o se daña, también podrías perder todas tus bitcoins y otras monedas encriptadas si no haces copias de seguridad de tus claves privadas y las guardas en algún lugar seguro.

La mejor manera de aprovechar una cartera móvil es transfiriendo sólo lo que necesita de una cartera más segura (como una cartera de hardware) a su cartera móvil. De esta manera, aunque pierdas el teléfono y no puedas recuperar tus llaves privadas allí, no perderás todas tus monedas.

Billetera de escritorio

El tercer tipo de billetera que puedes usar para guardar tus bitcoins con relativa seguridad es una billetera de escritorio. Es básicamente una aplicación de escritorio en la que guardas tus llaves privadas. La más popular, aunque no siempre la más práctica, es Bitcoin Core.

Cuando instale el software, debe asegurarse de que tiene más de 150 GB (o más) de espacio libre en el disco, ¡ya que descargará automáticamente toda la cadena de bloques que data de 2009!

No puede no descargar la cadena de bloqueo ya que Bitcoin Core no procesará ninguna transacción a menos que se haya descargado todo el libro de contabilidad en su sistema. Una vez que se haya descargado, puede empezar a enviar y recibir bitcoins en su cartera.

Si no tiene mucho espacio en disco para ahorrar, ni el ancho de banda para descargar un archivo tan masivo, entonces aquí tiene una buena noticia: Bitcoin Core no es el único monedero de escritorio disponible hoy en día. En realidad tiene muchas opciones para elegir, como Electrum, Bither, Armory, y más, que no requieren que descargue la cadena de bloques ya que utiliza la tecnología SPV (Simple Payment Verification).

Las carteras de escritorio son relativamente fáciles de usar, y es más seguro que una cartera web o móvil, ya que sólo tiene que desconectar su ordenador de Internet para evitar que los hackers entren en su sistema y roben sus claves privadas.

Por supuesto, no es tan conveniente como la web o la cartera del móvil, pero al menos tienes un control total sobre tus llaves privadas. Puedes guardar una copia de seguridad de las llaves en caso de que te roben el ordenador, lo infecten con un virus o lo dañen permanentemente.

> *Si no haces una copia de seguridad de tus llaves privadas, podrías perder todas tus monedas en un abrir y cerrar de ojos.*

Billetera de papel

Puede sonar raro al principio almacenar tu criptodivisa digital en una cartera de papel. Probablemente te preguntarás por qué alguien haría eso cuando Bitcoin no existe físicamente.

Bitcoin y el papel pueden no parecer una pareja hecha en el cielo, pero cuando lo piensas, en realidad lo son. Bueno, al menos en algún nivel.

Las carteras de papel son una forma de "almacenamiento en frío" porque los hackers de Internet nunca conseguirán hackear tu pequeño trozo de papel. Hay muchos hackers hábiles que pueden encontrar una manera

de acceder a la mayoría de los ordenadores y servidores, pero estamos bastante seguros de que el papel no es uno de ellos.

Sus bitcoins pueden estar a salvo de los hackers pero no de los ladrones fuera de línea. Si no cuidas tu billetera de papel, si la dejas tirada en lugares no seguros, ¡entonces literalmente le estás dando a alguien las llaves de tu fortuna!

El agua también es algo que debe considerarse cuando se usan carteras de papel. Almacenar las carteras en cajas de seguridad y otros contenedores resistentes al agua debería ayudar a superar este problema.

Las carteras de papel no son tan convenientes como las carteras para móviles o la web, pero definitivamente son más seguras. Puedes imprimir tus llaves públicas y privadas y esconderlas en algún lugar seguro como una caja de seguridad.

> *Las carteras de papel son el mejor tipo de billetera para guardar sus llaves privadas por largos períodos de tiempo.*

Si no tienes la intención de tocar tus monedas durante meses o años, entonces puedes crear carteras de papel. Por supuesto, tal como hemos recomendado en secciones anteriores, es mejor mantener unos pocos bitcoins (sólo lo que puedes permitirte perder) en carteras más convenientes para que puedas seguir enviando y recibiendo bitcoins. El resto de sus llaves privadas pueden ir en la cartera de papel.

Cartera de hardware

Hay un consenso en la comunidad Bitcoin de que las carteras de hardware son las carteras más seguras de Bitcoin y algo que todo inversor y entusiasta serio de Bitcoin debería considerar comprar. A diferencia de los otros tipos de carteras que hemos cubierto hasta ahora en esta guía, las carteras de hardware son relativamente caras.

Por supuesto, si tienes un número considerable de monedas para proteger, entonces es un pequeño precio a pagar por mantener tu fortuna a salvo. La mayoría de las carteras de hardware soportan una gran cantidad de criptodivisas, así que, si también ha invertido en monedas que no son de bits, entonces encontrará que este tipo de cartera es una excelente compra.

Las carteras de hardware son básicamente potentes y duraderas memorias USB que se conectan a la computadora cuando se hace una transacción de bitcoins o de criptografía. Cuando termines, simplemente quita la cartera y guárdala en un lugar seguro.

Una característica de seguridad única en las carteras de hardware es la capacidad de generar claves privadas fuera de línea, lo que significa que es menos vulnerable a los ataques de los hackers. Estos pequeños y robustos dispositivos le permiten llevar sus claves privadas a cualquier lugar sin temor a que sean expuestas al mundo exterior.

La configuración también es rápida y fácil con las carteras de hardware. Dependiendo de la billetera, puede asignar un código PIN, una contraseña o palabras clave de recuperación que puede utilizar para autenticar su acceso, así como para recuperar sus bitcoins en caso de que su billetera se pierda o sea destruida.

En caso de que tengas algún tipo de amnesia y olvides los detalles de tu recuperación, deberías escribir tus detalles secretos y esconderlos en algún lugar que sólo tú conozcas. De lo contrario, si alguien lo encuentra, ya sea por accidente o a propósito, entonces tus monedas y cualquier Criptomoneda que tengas ahí pronto se irán.

Las carteras de hardware son excelentes para almacenar todas sus criptodivisas de forma segura. Tanto si tiene una colección considerable de moneda digital como si no, nunca tendrá que preocuparse de si su cartera será hackeada y su dinero robado.

Sus llaves privadas están relativamente seguras. Sólo tienes que asegurarte de que tu memoria nunca te falle, y siempre recordarás dónde has escondido las copias de seguridad de tu cartera.

Para resumir esta guía, la mejor cartera para sus monedas y criptodivisas es en realidad una combinación de diferentes carteras. Utilice carteras duras o carteras de papel para el almacenamiento a largo plazo, carteras de escritorio para el almacenamiento a mediano plazo y carteras web y móviles para el almacenamiento a corto plazo y las transacciones frecuentes.

Capítulo 6: Intercambiando y vendiendo su Bitcoin por beneficios instantáneos

El comercio y la venta de su bitcoin puede ser una actividad muy rentable. ¡Probablemente conoces a alguien o has oído hablar de alguien que compró bitcoins en los primeros días cuando no valían casi nada, y terminó vendiendo cada bitcoin por miles de dólares!

O puede que conozca a gente que se dedica al comercio de monedas y que también se beneficia muy bien. Puede parecer fácil, pero la verdad es que el comercio de monedas no es para todos.

Se aconseja especialmente a los principiantes que tengan precaución y que estén preparados mental y financieramente antes de lanzarse a este excitante mundo de alto riesgo y alta recompensa. Cuando se comercia, es de sentido común seguir la estrategia de "comprar bajo y vender alto" para poder obtener una ganancia.

No quieres vender a un precio más bajo que cuando compraste porque estarás vendiendo a pérdida. Pero todo esto suena fácil sobre el papel.

En el mundo real, cuando se trata de monedas que valen cientos, miles o incluso millones de dólares, si no se tiene la mentalidad adecuada y la disciplina financiera, se puede entrar en pánico muy fácilmente.

Especialmente si estás intercambiando monedas que representan los ahorros de toda tu vida, tu fondo de retiro, ¡o la matrícula de la universidad de tus hijos!

Estrategias comerciales de Bitcoin

El sentido común y el autocontrol deben tener prioridad sobre la avaricia y la idea de ganar miles de dólares en un solo día. Aquí hay algunas estrategias de comercio de bitcoin para guiarte en el mundo del comercio.

Practica primero

Aprender los entresijos del comercio de bitcoin es genial, pero conocer sólo la teoría es diferente de la aplicación en el mundo real. Algunas bolsas de bitcoin ofrecen una cuenta de demostración donde puede jugar y experimentar el comercio en el mundo real utilizando precios en tiempo real.

Tendrás una idea del paisaje, por así decirlo, y verás por ti mismo si tienes el estómago para el juego de alto riesgo del comercio de monedas.

Planifique su estrategia

Para negociar con éxito las bitcoins, es necesario tener una buena estrategia en su lugar. No sigues ciegamente las noticias y piensas que porque todo el mundo está comprando bitcoins, entonces tú también deberías comprar.

Tengan un plan sobre el precio al que deben comprar los bitcoins y el precio al que deben venderlos para obtener ganancias, y asegúrense de cumplir con ese plan. Esto significa mantener el pánico a raya cada vez que veas caer el precio.

Invertir pequeñas cantidades

Como parte de tu práctica o estrategia de entrenamiento, debes empezar con algo pequeño y no ir a por todas cuando empieces a comerciar. Está bien perder todo tu "dinero" en una cuenta de demostración, pero cuando se trata de dinero real, no querrás arriesgarte a perder grandes sumas en tu primer día.

Controla tus emociones

Es normal alarmarse al primer indicio de perder el dinero. Sin embargo, como ya sabes, Bitcoin es muy volátil, y en un solo día, el precio puede bajar cientos o miles de dólares. Pero lo contrario también es cierto. El precio puede subir fácilmente en la siguiente hora o así.

Si mantienes tus emociones bajo control y piensas con lógica, tú también puedes ganar mucho dinero con el comercio de Bitcoin.

Sin embargo, si no controlas tus emociones y dejas que tu pánico te supere, entonces estás destinado a perder.

Plataformas comerciales populares de Bitcoin

Ahora que ya conoce algunas estrategias comerciales muy útiles de Bitcoin, es hora de aprender sobre algunas de las plataformas comerciales más populares para Bitcoin y otras criptodivisas.

Coinbase

Coinbase es uno de los mayores intercambios de moneda digital en el mundo hoy en día con más de 50 mil millones de dólares de moneda digital intercambiada desde 2011. Actualmente sirven a más de 10 millones de clientes con base en 32 países.

La plataforma es muy fácil de usar, y puedes comprar y comerciar fácilmente tu moneda digital.

- Para empezar, tienes que crear una cartera digital gratuita que puedes usar para guardar tu criptodivisa.

- A continuación, debe vincular su cuenta bancaria, tarjeta de crédito o débito, para poder cambiar su moneda local a la criptodivisa de su elección.

- Una vez que su cuenta esté creada y financiada, es hora de comprar algo de criptografía.

Tienes la opción de comprar bitcoins, ethereum y litecoin. Puedes hacer esto en su página web o en su práctica aplicación para móviles.

Ahora que tiene algunos bitcoins, puede elegir empezar a operar en la plataforma de operaciones GDAX (Global Digital Asset Exchange) de Coinbase, aunque ésta está orientada a operadores más avanzados y experimentados.

Para los principiantes, sin embargo, es mejor atenerse a la interfaz de Coinbase, más amigable para los novatos. Lo bueno de Coinbase es que su moneda digital está completamente asegurada mientras que su moneda fiduciaria (moneda local) se almacena en cuentas bancarias de custodia. Las carteras Coinbase de los ciudadanos estadounidenses están cubiertas por el seguro de la FDIC, hasta un máximo de 250.000 dólares.

Para vender sus bitcoins, etéreos o litecoins, sólo tiene que indicar la cantidad que quiere vender y la cartera desde la que lo hace. Luego seleccione la cuenta bancaria vinculada a la que desea depositar su dinero.

En este momento, Coinbase no permite que el producto de su venta sea enviado a una tarjeta de crédito o débito, por lo que es importante que vincule una cuenta bancaria a su cuenta Coinbase.

Kraken

El Kraken es uno de los nombres más confiables en el intercambio de bitcoin y criptomoneda desde 2011. La compañía también está considerada como el mayor intercambio de bitcoin en términos de volumen y liquidez del euro. Además de comerciar bitcoins, también comercian con dólares americanos, dólares canadienses, libras esterlinas y yenes japoneses.

A muchos usuarios internacionales les encanta el Kraken porque es muy accesible internacionalmente y soportan muchos tipos diferentes de monedas nacionales y criptodivisas.

El Kraken ofrece muchas opciones para el comercio. Puedes fácilmente comerciar entre cualquiera de sus 17 criptodivisas soportadas con Euros, USD, CAD, JPY, y GBP. ¡Ofrecen tantos pares posibles de comercio, que tienen una página muy larga dedicada sólo para su lista de tarifas!

Para empezar con el Kraken, tienes que crear una cuenta gratuita. Después de haber verificado su cuenta, puede financiarla con dinero en efectivo o con moneda criptográfica y luego hacer un pedido para comprar bitcoins (u otro tipo de moneda criptográfica) en el intercambio.

Cuando su solicitud de pedido se haya cumplido, podrá retirar sus bitcoins/crédito a su cartera. Su interfaz web es relativamente simple al hacer el pedido, sin embargo, sus herramientas de comercio son robustas y son excelentes para los usuarios más avanzados.

Para vender bitcoins, debe enviarlos desde su cartera a su cuenta en el Kraken y luego crear una nueva orden para venderlos o intercambiarlos por cualquiera de las monedas nacionales disponibles. Una vez que su pedido

se haya completado, puede proceder a retirar el efectivo a su cuenta bancaria vinculada.

CEX.io

CEX.io es una de las plataformas de intercambio de Criptomoneda más populares en la actualidad, con más de un millón de usuarios activos en todo el mundo. Sin embargo, la compañía no fue originalmente un intercambio; en realidad se estableció en 2013 como el primer proveedor de minería de nubes. Aunque el aspecto minero del negocio ha sido cerrado desde entonces, su plataforma de intercambio es claramente próspera.

Muchos usuarios aprecian la transparencia de precios de CEX.io. Si estás comprando bitcoins, te facilitan la tarea de ver cuánto te van a dar tus $100, $200, $500 o $1000. También puede ver fácilmente cuánto bitcoin puede comprar en libras esterlinas, euros y rublos rusos. El precio de compra se actualiza cada 120 segundos.

Para empezar, tienes que crear una cuenta y añadirle fondos utilizando tu tarjeta de crédito (puedes vincular cualquier número de tarjetas de crédito a tu cuenta), o también puedes hacer una transferencia bancaria. Aceptan USD, EUR, RUB, GBP o tu moneda local.

Una vez que los fondos se añaden a su cuenta, puede comprar bitcoins fácilmente con un solo clic. Luego tienes la opción de guardarlo en tu cartera CEX.io, intercambiarlo o retirarlo a tu cartera personal.

Vender bitcoins también es muy fácil en CEX.io. Simplemente tenga los bitcoins en su cuenta, y luego utilice su práctica sección de compra/venta para obtener dinero en efectivo al instante, o puede hacer un pedido en la sección de Comercio del sitio (puede obtener una mejor tasa de cambio si realiza una transacción).

Puede retirar rápidamente sus ganancias a su Visa o Mastercard y recibir sus fondos al instante. Alternativamente, para transacciones más grandes, puede retirar a través de una transferencia bancaria o de la SEPA si está en Europa.

Bitstamp

Fundada en 2011 en el Reino Unido, Bitstamp es una de las pioneras en el comercio de Bitcoin. Están constantemente mejorando sus servicios, y hasta la fecha, permiten el comercio de bitcoin, ripple, litecoin, éter y bitcoin cash. Bitstamp tiene una buena reputación en todo el mundo, especialmente porque aceptan transacciones de cualquier persona en el mundo.

Todas las principales tarjetas de crédito son aceptadas también, por lo que hace que la plataforma sea muy amigable para los usuarios internacionales. También prometen no tener cargos ocultos con precios transparentes basados en el volumen. Garantizan que el 98% de los fondos digitales se almacenan fuera de línea por seguridad.

Bitstamp no vende bitcoins por sí mismo. En su lugar, proporcionan un servicio o plataforma donde las personas comercian directamente entre sí y los compradores obtienen sus bitcoins y los vendedores obtienen su dinero al precio que quieren.

Para empezar a comprar y vender bitcoins, debes crear una cuenta de Bitstamp. Luego debe transferir los fondos a su cuenta a través de SEPA, transferencia bancaria o tarjeta de crédito. Una vez que se abone el pago, puede realizar una orden de compra instantánea que le permitirá comprar automáticamente bitcoins al precio más bajo ofrecido en el mercado de Bitstamp.

Una segunda opción para comprar bitcoins es hacer una orden de límite en la que se puede establecer el precio que se está dispuesto a comprar bitcoins.

Para vender bitcoins, necesitas cargar tu cuenta de Bitstamp con bitcoins primero. Una vez que haya hecho esto, puede colocar una orden de venta instantánea para vender automáticamente sus bitcoins al precio más alto ofrecido en el mercado.

Alternativamente, puede hacer una orden de venta limitada donde puede establecer el precio al que está dispuesto a vender sus bitcoins. Una vez que sus bitcoins se vendan, puede proceder a retirar sus fondos en moneda de USD o EUR.

Bitfinex

Desde 2014, Bitfinex, con sede en Hong Kong, ha sido la mayor plataforma de comercio de criptodivisas del mundo en términos de volumen. Esta completa plataforma de comercio al contado permite comerciar entre las principales criptodivisas como Bitcoin, Ethereum, Litecoin, Money, Dash, Ripple y más. Tener un volumen tan grande de intercambios de Bitcoin sucediendo en esta plataforma implica la mejor liquidez.

Esto significa que puedes comerciar un gran volumen de bitcoins al precio que quieras. Los honorarios de Bitfinex son también muy bajos en comparación con otras bolsas de Criptomoneda de esta guía. Por eso a mucha gente le gusta comerciar en esta plataforma ya que más dinero va a sus cuentas en lugar de ser pagado en cuotas.

Sin embargo, la financiación de su cuenta de Bitfinex no es tan simple como las otras bolsas. La única forma de depositar dinero es a través de una transferencia bancaria que puede tardar días. Además de la demora, también tendrá que pagar a Bitfinex un 0,1% de la cantidad depositada con un mínimo de 20 dólares. Retirar tus dólares es también un dolor de cabeza ya que sólo ofrecen retiros por transferencia bancaria. ¡Su dinero puede tardar hasta 7 días en llegar a su cuenta!

Para evitar este inconveniente, los expertos en comercio sugieren que consiga sus bitcoins u otros criptos en otro lugar y luego simplemente los transfiera a su cuenta de Bitfinex. Para retiros, puede retirar su cripto a su cartera y luego venderlo localmente. Esta solución significa que sólo tiene que usar Bitfinex estrictamente para el comercio de criptodivisas.

¿Estás listo para empezar a comerciar con Bitcoins?

Sólo recuerde que sea cual sea la plataforma de intercambio de criptodivisas con la que elija hacer negocios, siempre debe trasladar su criptodivisa a una cartera más segura, como una cartera de hardware o una cartera de papel.

No lo dejes en la cartera de tu intercambio ya que corre el riesgo de ser robado por los hackers. Si tiene que guardar algo en su cartera online, guarde la menor cantidad que pueda permitirse perder.

Capítulo 7: Uso de Bitcoin como estrategia de inversión

Bitcoin es una forma relativamente nueva de moneda que está empezando a ganar tracción y aceptación en todo el mundo. Con el reciente crecimiento exponencial del valor del Bitcoin, mucha gente está invirtiendo en esta moneda digital para, con suerte, cosechar grandes beneficios en el futuro.

En esta guía, cubriremos los fundamentos del uso de bitcoin como estrategia de inversión. Observe que aquí nos referimos a la inversión a largo plazo, lo que no es lo mismo que cambiar el bitcoin por beneficios a corto plazo.

Invertir en el mercado de la criptodivisa altamente volátil puede no parecer una buena idea para algunas personas. Lo ideal sería tener nervios de acero, la disciplina y la concentración para ignorar las ganancias a corto plazo, así como la paciencia para mantener la inversión hasta que llegue el momento adecuado.

Si está realmente decidido a poseer una pequeña parte del cripto-mercado, entonces debería al menos conocer los métodos más adecuados para que pueda sacar el máximo provecho de su inversión.

Métodos de inversión de Bitcoin

Método de premediación del costo del dólar

Esta estrategia es mejor para los principiantes del mundo de las inversiones porque no hay que preocuparse por entrar en el mercado en el momento adecuado.

No tienes que estresarte esperando a que el precio de los bitcoins baje, sino que compras a intervalos regulares para repartir el riesgo y guardas/almacenas tus bitcoins en una cartera fría y segura (como una cartera de papel o una cartera de hardware).

Por ejemplo, si tienes 100 dólares extra de sobra cada semana, puedes comprar bitcoins cada semana. Algunas semanas sus 100 dólares pueden comprarle más bitcoin, y otras semanas la misma cantidad le comprará menos.

Este método te da tranquilidad porque no tienes que preocuparte por las caídas en el precio de las monedas.

Sólo tienes que ser lo suficientemente disciplinado como para seguir tu horario regular y comprar cuando necesites comprar sin mirar las tablas de precios de Bitcoin. No esperas a que el precio baje sólo porque veas una tendencia a la baja en los gráficos, sólo sales y compras tus bitcoins.

Con el método de premediación de costos en dólares, sus ganancias también se promedian cuando decide vender sus bitcoins. Es posible que no se acerque a los beneficios si invierte con el método de la suma global, pero si vende en el momento adecuado (cuando el precio es alto), seguirá obteniendo un beneficio saludable de su inversión.

Método de inversión de suma global

El método de la suma global es un método mucho más arriesgado de invertir los bitcoins porque se comprarán a un precio único.

Si tiene 100.000 dólares para invertir, querrá, por supuesto, comprar la mayor cantidad de bitcoins, así que esperará a que el precio baje.

Para maximizar su inversión, se verá obligado a esperar el posible precio más bajo antes de comprar sus bitcoins.

Este método significa que tendrás que "cronometrar" el mercado, así que compras en el momento justo. Por supuesto, esto es más fácil de decir que de hacer con un producto volátil como el bitcoin. El precio varía tanto que es extremadamente difícil predecir cuándo será la próxima caída del precio para poder comprar a ese precio.

Tratar de cronometrar el mercado puede causar mucho dolor de cabeza y estrés a un inversor inexperto. Simplemente trae demasiados "y si" a la mente, como:

"¿Qué pasa si espero unas horas más, el precio puede bajar, y podría comprar más monedas entonces? O "¿Qué pasa *si el precio nunca baja al precio al que quiero comprar los bitcoins, nunca seré capaz de comprar bitcoins?*

Cuando se trata de vender su inversión a suma alzada en el futuro, puede que le resulte difícil vender también porque estará esperando a vender en el momento adecuado para poder obtener el máximo beneficio.

Tratará de predecir el punto de precio más alto, y se regañará a sí mismo si vende demasiado pronto y pierde la posibilidad de un beneficio mucho mayor.

Sin embargo, lo bueno del método de inversión de suma global es que, si logras comprar al precio más bajo posible y vender al precio más alto posible, entonces obtendrás una ganancia mucho mayor que si invirtieras bitcoins usando el método de premediación de costos en dólares.

Método de inversión del Fondo de Cobertura Criptográfica

Si no quiere preocuparse por aprender los fundamentos de la inversión utilizando el método de premediación de costos en dólares o el método de suma global, sería mejor que invirtiera su dinero en un fondo de cobertura de criptografía. Sin embargo, esta opción es la más adecuada para las personas que pueden permitirse el lujo de pagar sus cuantiosos honorarios de gestión y rendimiento.

La comisión de gestión se paga por adelantado; algunos fondos requieren una comisión de gestión del 2%, así que, si se invierten 100.000 dólares, 2.000 de ellos se destinan a la comisión de gestión, lo que significa que sólo se invertirán 98.000 dólares en criptodivisa.

Además, su administrador de fondos de cobertura obtendrá un porcentaje de sus ganancias. Algunos gerentes requieren un 20% de comisión por desempeño, así que, si usted gana 50.000 dólares de su inversión, 10.000 dólares de eso se pagarán como una comisión de incentivo.

Puede que el método de los fondos de cobertura no sea adecuado para todo el mundo, pero si se mira más allá de las comisiones, al menos se está buscando un enfoque de no intervención en la inversión que podría resultar muy rentable tanto para usted como para su gestor de fondos de cobertura.

Estrategias para tener éxito en la inversión en Bitcoin

Invertir en bitcoin es similar a invertir en acciones. Ambas son inversiones de alto riesgo y alta recompensa que, sin duda, no es para todo el mundo.

Bitcoin es incluso más volátil que las acciones, así que, si quiere invertir en esta criptodivisa o en cualquier otra criptodivisa, necesita conocer las siguientes estrategias para tener éxito.

Tener un plan sólido en marcha

No inviertas a ciegas y no inviertas sólo porque todos los que conoces han comprado bitcoins. Cuando invierta, necesita tener un buen y sólido plan en el lugar donde dibuja su punto de entrada y su punto de salida.

Su plan tendrá que ser de acuerdo con el método de inversión que elija. Así que, si eliges el método de premediación de costos en dólares, necesitas tener un plan sólido como cuánto y con qué frecuencia comprarás monedas.

Para invertir en una suma global, es necesario saber de antemano a qué precio se comprarán los bitcoins y comprar a ese precio (no esperes a que baje más). Para la inversión en fondos de cobertura, es necesario considerar los honorarios que debe pagar y saber el mejor momento para invertir.

Prepárese para la volatilidad

Esta es la estrategia número uno que necesitas dominar. Todo el mundo sabe que Bitcoin es una inversión muy volátil con precios que suben y bajan cientos de dólares en pocos minutos. Puedes pensar que ya sabes que va a ser volátil porque has visto las tablas y los gráficos y has practicado en una cuenta de intercambio de bitcoin de demostración.

Puedes manejar el riesgo, te dices a ti mismo. Pero cuando tienes miles de dólares reales en juego, es un escenario muy diferente. ¡Especialmente si has trabajado duro para conseguir esos dólares! Podrías haber trabajado por ello durante meses o años, y hay una posibilidad muy real de que lo pierdas todo en unos pocos minutos.

Lo mejor que puedes hacer es no molestarte en absoluto con las inmersiones. Sólo haz algo que te ayude a relajarte y mantener tu mente alejada de las monedas porque si no lo haces, puedes volverte literalmente loco. La inversión en Bitcoin es como una montaña rusa; ¡sólo tienes que agarrarte muy, muy fuerte hasta que llegues al final del viaje!

Mantén la calma y no entres en pánico

Decirle esto a los inversores asustados es muy fácil, pero cuando tú eres el asustado, es un sentimiento totalmente diferente. La idea de miles de dólares tirados a la basura es suficiente para enviar a cualquiera a un colapso mental que, por supuesto, llevaría a decisiones irracionales.

Si no piensas con claridad, podrías pensar en reducir tus pérdidas allí mismo sin pensar en lo que va a pasar a largo plazo. Si juegas bien tus cartas, tus monedas valdrán mucho más que cuando las pagaste. Pero nunca vas a experimentar eso si entras en pánico y vendes antes de tiempo.

Mantener la perspectiva

Invertir en bitcoin es una actividad financiera a largo plazo. Es diferente del comercio diario que implica mucho más análisis técnico para que un comerciante pueda obtener un buen beneficio. Cuando se invierte en bitcoin, hay que alejar el zoom de los gráficos de precios de bitcoin y mirar el panorama general. No te molestes en mirar los gráficos diarios, semanales o mensuales porque no te va a traer nada más que estrés.

Mira lo lejos que han llegado los precios de las monedas. Desde unos pocos centavos cuando empezó hasta miles de dólares ahora. Y los expertos dicen que esta tendencia alcista continuará durante muchos años más, así que, si superas los altos y bajos de bitcoin, terminarás con una muy buena cartera de inversiones en unos pocos años.

No gastes lo que no puedes perder

Este es probablemente el consejo más importante del que debes tomar nota. Ya sabes que invertir en criptodivisas altamente volátiles puede hacerte insanamente rico o arruinarte. Pero no tiene por qué ser estos dos extremos.

¡No tienes que invertir toda tu fortuna o los ahorros de toda tu vida en bitcoin o cualquier otra criptodivisa!

> *Lo más prudente que puedes hacer es invertir sólo lo que puedes permitirte perder. Esto significa no gastar ningún dinero que no puedas permitirte perder.*

Tanto si elige invertir utilizando el método de premediación de costos en dólares, el método de inversión de suma global, o incluso invertir en un fondo de cobertura criptográfica, no utilice el dinero que necesita ser utilizado en otro lugar.

Si tienes dinero reservado para tu jubilación, un fondo de salud, un fondo de emergencia o incluso el dinero para la universidad de tus hijos, ni siquiera pienses en tocar estos fondos. Muchas familias se han desmoronado debido a decisiones financieras equivocadas y han gastado fondos tan importantes en inversiones arriesgadas.

Si has hecho algo similar en el pasado y has podido salirte con la tuya, es decir, has obtenido algunos beneficios, entonces no te pongas arrogante y pienses que puedes hacer lo mismo con la Criptomoneda. Es un animal diferente, por así decirlo. Es el Salvaje Oeste de las inversiones ahora mismo, y no quieres perder tu dinero duramente ganado.

La paciencia y la disciplina son las claves del éxito

La inversión de Bitcoin es un juego a largo plazo. Tienes que ser paciente cuando el precio de Bitcoin baja, y tu inversión junto con él. Si ha observado las tendencias de Bitcoin, verá que ha estado en una tendencia alcista desde su inicio en 2009, así que sólo tiene que aguantar las caídas hasta que llegue a la cresta correcta donde estará contento de vender sus bitcoins.

En el mundo de las inversiones de Bitcoin, habrá muchos puntos bajos y crestas. Sólo necesitas la disciplina para mantener tus inversiones y no asustarte cuando los precios bajen demasiado. De la misma manera, no se entusiasme demasiado cuando el precio suba. Un plan sólido, paciencia y disciplina le llevará al éxito de la inversión de Bitcoin.

La retrospección es siempre 20/20

No te reprendas si compraste a un precio mucho más alto que el precio actual de la moneda. Y no tiene sentido enfadarse consigo mismo si vendió sus bitcoins demasiado pronto cuando el precio sube después de vender.

Capítulo 8: ¿Cómo aceptar y usar Bitcoin para su negocio?

Aunque muchas tiendas y negocios online y de ladrillo y mortero han añadido Bitcoin a sus opciones de pago, todavía no está tan extendido como a la comunidad de Bitcoin le gustaría que estuviera. La mayoría de los propietarios de negocios todavía prefieren los métodos de pago tradicionales ya que simplemente no saben lo suficiente sobre Bitcoin y lo que obtendrían al añadirlo a su negocio.

Muchos no confían en Bitcoin y su volatilidad. Probablemente piensan que con tales cambios volátiles en los tipos de cambio dólar-bitcoin, probablemente acaben perdiendo sus beneficios. Este temor es comprensible, pero ha habido tantas innovaciones hoy en día que esto realmente no es una preocupación en absoluto.

Después de todo, muchas empresas conocidas como Microsoft, Paypal, Pornohub, Stripe, Shopify, y muchas más, ya están aceptando pagos de Bitcoin.

Los negocios en línea y fuera de línea pueden aceptar pagos de Bitcoin

El hecho de que Bitcoin sea una moneda virtual de naturaleza electrónica no significa que las tiendas offline no puedan beneficiarse de la recepción de pagos con Bitcoin. Para las tiendas online, puede integrar procesadores de pago como Stripe, Coinbase, Braintree, y más, en la página de pago de su sitio de comercio electrónico.

Para las tiendas offline, puede elegir entre terminales Bitcoin o aplicaciones de punto de venta como XBTerminal, Coinify o Coingate. También puede imprimir QR códigos que sus clientes pueden escanear con sus carteras de móvil y pagarle fácilmente con bitcoins.

¡Una vez que su cartera de Bitcoin esté preparada, todo lo que tiene que hacer es anunciar a todo el mundo que está listo para aceptar los pagos de Bitcoin!

Cómo manejar la volatilidad de Bitcoin

La idea de perder tus beneficios y esencialmente regalar tu mercancía a tus clientes es un pensamiento aterrador ya que puedes ir rápidamente a la bancarrota si todos tus clientes pagan en monedas.

En algún momento puede haber sido cierto, pero con los procesadores de pagos de Bitcoin como Coinbase y BitPay, ahora es posible recibir sus pagos en bitcoin y convertirlos instantáneamente a dólares americanos o cualquier otra moneda soportada. De esta forma, evita todos los riesgos asociados a bitcoin y recibe la cantidad total de dólares que se supone que debe recibir.

Para ilustrarlo, si su cliente le paga 100 dólares de bitcoin por un par de pantalones vaqueros, entonces recibirá exactamente 100 dólares en su cuenta bancaria. La pasarela de pago que utilice, por ejemplo BitPay, le protegerá de la volatilidad de bitcoin para que siempre reciba la cantidad completa en dólares.

Para los propietarios de negocios más emprendedores que pueden manejar la imprevisibilidad de Bitcoin, la oportunidad de obtener aún más beneficios de los bitcoins con los que se les ha pagado puede ser irresistible.

Si usted pertenece a esta categoría, probablemente optaría por mantener sus bitcoins en sus billeteras digitales, y renunciar al uso de un procesador de pagos que convertirá automáticamente sus bitcoins en dólares.

Por qué su negocio debería empezar a aceptar pagos de Bitcoin

Bitcoin fue creado por Satoshi Nakamoto en respuesta a la caída de los mercados financieros en 2008 que casi paralizó toda la economía mundial. Lo creó para resolver o superar los problemas que tenemos al tener un sistema bancario centralizado que beneficiaba a los bancos más que a los consumidores.

Piensa en las comisiones bancarias que tienes que pagar cada vez que alguien te paga por tu producto o servicio. Las comisiones por depósitos, por retiros, por transacciones, por tarjetas de crédito y todo tipo de comisiones se deducen de su dinero ganado con esfuerzo.

El propósito de Bitcoin era evitar todo eso, y este sistema de dinero electrónico de igual a igual fue la solución de Satoshi Nakamoto al problema. El sistema fue creado esencialmente para que todo el mundo reciba lo que se le debe sin la intervención innecesaria de los bancos y el gobierno.

Los beneficios de los pagos de Bitcoin para su negocio

Hay muchos beneficios para su negocio si decide empezar a aceptar pagos de bitcoin. Aquí están algunos de ellos:

No hay riesgo de retrocesos

Los pagos con tarjeta de crédito y débito dejan a su negocio vulnerable a las devoluciones de cargos. La mayoría de las empresas, si no todas, (tanto las que están en línea como las que no lo están) probablemente han experimentado este problema en algún momento. Lidiar con una devolución de cargo es un proceso que induce a dolores de cabeza y consume mucho tiempo.

Sus clientes pueden alegar que no reconocen el cargo en los estados de cuenta de sus tarjetas, o que su tarjeta fue robada y alguien más la usó para comprarle, o que están molestos porque su mercadería no era la descrita o estaba defectuosa.

A algunas personas simplemente les gusta hacer contracargos porque quieren obtener un artículo gratis, especialmente si es un artículo de alto valor. Por supuesto, esto es algo muy poco ético, pero no puedes predecir el comportamiento de tus clientes.

Con los pagos de Bitcoin, no hay riesgo de contracargos porque todos los pagos, una vez confirmados, son finales. No hay manera de que nadie, ni siquiera los programadores más inteligentes del mundo, puedan revertir o deshacer una transacción de Bitcoin.

Los pagos de Bitcoin ofrecen una protección a los comerciantes que no tiene parangón con ninguna otra opción de pago disponible hoy en día. Ningún banco ni ningún gobierno puede darle el nivel de protección de comercio que tiene Bitcoin.

No hay fraude y los pagos dobles

La red de Bitcoin es un sistema de pago extremadamente seguro. A diferencia de los bancos, Bitcoin es incorruptible. Antes de que Bitcoin apareciera, los pagos dobles y el fraude eran un problema muy real con el dinero digital pero afortunadamente, gracias a los esfuerzos de Satoshi Nakamoto, el problema del doble gasto fue finalmente resuelto.

Bitcoin es un sistema de pago descentralizado, de igual a igual. Todo el mundo en la red ve todas las transacciones de Bitcoin que han tenido lugar. Esta transparencia dificulta a los estafadores la falsificación de registros para poder gastar la misma cantidad de bitcoins dos veces o duplicarla.

Este enorme libro de contabilidad, también conocido como la cadena de bloqueo, mantiene un registro de todas las transacciones. Una transacción sólo se añade a un bloque una vez que ha sido confirmada o verificada por los mineros que la transacción es válida.

Pagos casi instantáneos

Los pagos de Bitcoin son rápidos, irrevocables y finales. No hay forma de que nadie deshaga ninguna transacción de Bitcoin. Siempre que indique la dirección correcta de bitcoin para que sus clientes paguen, puede irse, y sus bitcoins llegarán a su cartera normalmente en 10-45 minutos.

Usar la dirección de bitcoin correcta es obviamente un punto muy importante a considerar porque si por casualidad, presentas la dirección de bitcoin incorrecta, entonces no hay manera de que recuperes esos bitcoins. A menos, por supuesto, que sepas quién es el dueño de esa dirección bitcoin, entonces puedes simplemente pedirles que envíen esos bitcoins a tu dirección correcta.

Otra ventaja de usar pasarelas de pago como Coinbase y BitPay es que puedes recibir el dinero en tus cuentas bancarias en 2 o 3 días. Estos servicios suelen enviar los pagos todos los días hábiles (no cada vez que se produce una transacción).

Alternativamente, si quieres mantener tus monedas, es decir, no quieres convertirlas en dólares, entonces está perfectamente bien. Puedes seleccionar esta opción en la configuración de tu pasarela de pago. De cualquier manera, obtendrás tus bitcoins o tus dólares muy convenientemente y en menos tiempo que si el cliente pagara con Paypal o una tarjeta de crédito.

Tarifas de transacción insignificantes

Con los pagos de bitcoin, puedes quedarte con más de lo que te paga tu cliente. Efectivamente eliminas al intermediario (tu banco) con sus costosos honorarios. Aun así, tendrás que pagar una muy pequeña cuota de transacción de bitcoin que va a los mineros que verifican todas las transacciones de bitcoin y la añaden al libro mayor o a la cadena de bloqueo.

¡Esta tasa de transacción es casi insignificante y es un mero equivalente a los centavos, a diferencia de las tasas que su banco o compañía de tarjetas de crédito le exige pagar!

En el caso de los pagos con tarjeta de crédito, se suele cobrar a los comerciantes una tasa de intercambio (que se paga al banco o al emisor de la tarjeta) y una tasa de evaluación (que se paga a la compañía de tarjetas de crédito, como Visa o Mastercard). En promedio, estas tasas terminarán costando al comerciante alrededor de un 3% a un 4% por transacción.

En comparación, para las transacciones de bitcoin, los honorarios son típicamente alrededor de 10.000 Satoshis o 0,0001 bitcoin. Usted es libre de establecer sus propias tarifas, pero cuanto más alta sea la tarifa de transacción que establezca por transacción, más rápidamente los mineros de bitcoin confirmarán su transacción.

Para un pago de 1.000 dólares con tarjeta de crédito, los honorarios que los comerciantes tienen que pagar serían alrededor de 30 a 40 dólares. Para una cantidad de compra similar pagada en bitcoin, la tarifa de transacción sería aproximadamente de alrededor de 1$.

Ya puede ver, sólo por este ejemplo, que las transacciones con bitcoin le ahorrarán mucho dinero sólo en honorarios de transacción. ¡Imagine cuánto podrá ahorrar si es capaz de vender su producto de 1.000 dólares sólo 10 veces al día o 100 veces al día!

Aumento de las ventas y más beneficios para usted

Bitcoin no discrimina de dónde viene nadie. Incluso si su cliente vive en un país conocido por el fraude con tarjetas de crédito, a los ojos de Bitcoin todos son iguales. Si alguna vez ha intentado aceptar pagos de clientes de estos países, sabe lo difícil y engorroso que es todo el proceso.

Paypal, Stripe y otras vías de pago populares no aceptan o apoyan a muchos países con alta prevalencia de fraude. Pero con Bitcoin, puede aceptar fácilmente pagos de cualquier persona que viva en cualquier lugar del mundo. ¡Todo lo que necesitan para pagarle es su dirección de Bitcoin!

No necesitan enviar sus fotos y tarjetas de identificación nacional, así que la privacidad de sus clientes está bien protegida. Y como ya sabe, todas las transacciones de Bitcoin son finales, así que no hay forma de que ninguno de sus clientes haga un cargo como lo hacen fácilmente con una tarjeta de crédito.

Bitcoin hace del mundo un lugar más pequeño y mejor. Borra las fronteras, la burocracia del gobierno y la burocracia. Permite a los comerciantes y propietarios de negocios como usted recibir pagos de clientes que son lo suficientemente desafortunados para vivir en países con una alta tasa de fraude.

Bitcoin le protege a usted y a su negocio. Al mismo tiempo, le permite proporcionar su servicio y sus productos a todo el mundo.

Clientes más felices

Añadir Bitcoin a su lista de pagos soportados dará a sus clientes una opción extra para entregarle su dinero. Incluso si no tienen Bitcoin todavía, podrían entrar en el juego tarde o temprano.

Y cuando lo hagan, te recordarán y te recomendarán a sus amigos. Incluso los clientes existentes estarán contentos de saber que has añadido los pagos de Bitcoin.

Si es uno de los pocos negocios de su comunidad que acepta pagos de Bitcoin, entonces probablemente se hará popular porque será visto como un negocio innovador y con visión de futuro.

Mucha gente ha oído hablar de Bitcoin en las noticias, y muchos han desarrollado un interés pasajero o han empezado a sentir curiosidad por los bitcoins y la Criptomoneda en general. Puede educar a sus clientes y hacerles saber qué es Bitcoin y cómo les ayudará en sus transacciones financieras.

Piénselo, ¿preferiría ser una de las primeras empresas en ofrecer pagos con Bitcoin y robar los clientes de su competencia en el proceso? ¿O preferiría que sus clientes fueran a su competencia simplemente porque ellos ofrecen pagos con Bitcoin y usted no?

Obtener el apoyo de la comunidad de Bitcoin

La comunidad Bitcoin está creciendo rápidamente, y con los precios de los bitcoins por las nubes, están buscando lugares donde puedan gastar sus bitcoins. Un número de grandes compañías han añadido Bitcoin a sus opciones de pago, pero la gran mayoría de las empresas aún no han seguido el ejemplo. Así que cuando la comunidad Bitcoin descubre un nuevo negocio que apoya a Bitcoin, comparte las noticias con todo el mundo. Eso es publicidad gratuita para su negocio, y puede esperar que se pasen por su sitio web o tienda física en cualquier momento.

Para conseguir la suficiente exposición a la comunidad de Bitcoin, puede difundir las noticias en los medios sociales, en los foros, páginas, grupos, etc. de Bitcoin. Si tiene una tienda física, también debería poner un gran cartel en el exterior que anuncie a cualquiera que pase por allí que está aceptando pagos de Bitcoin.

Hacer crecer tu negocio no tiene por qué ser difícil. Aceptar los pagos de Bitcoin no sólo hará que su negocio sea popular entre la comunidad de Bitcoin, sino que también le llevará a más ventas y más beneficios.

Capítulo 9: Protéjase contra el fraude y el robo en Bitcoin

El bitcoin y las criptodivisas son productos de moda en este momento. Todo el mundo quiere una parte de la acción, aunque con los precios en alza, muchos no pueden permitirse comprar e invertir de sus propios bolsillos.

Así que hacen lo siguiente mejor que se les ocurre: estafar y robar estas preciosas monedas digitales de otras personas. En esta guía, te mostraremos algunas de las estafas más comunes de estos estafadores y cómo puedes protegerte de ellas.

Bitcoin y Criptomonedas no son estafas

Antes de entrar en las principales estafas que deben conocer, nos gustaría señalar que estas estafas son todas de fuerzas externas, y no las Criptomonedas en sí mismas. Puede que oigan a algunas personas decir que las Criptomoneda no son más que una gran estafa, pero es 100% falso, y les explicaremos por qué.

La tecnología detrás de las Criptomonedas se llama la cadena de bloqueo. Es un libro de contabilidad digital incorruptible que registra todas las transacciones en la red. Ningún organismo central lo controla. Es transparente, y cualquiera puede rastrear cualquier transacción que haya ocurrido en el pasado.

Nadie puede alterar ninguna transacción registrada en la cadena de bloqueo porque hacerlo significaría que habría que alterar el resto de las transacciones o bloqueos que vinieran después de esa transacción en particular; esto es prácticamente una tarea imposible de hacer.

La cadena de bloqueo es tan segura que muchos bancos y empresas de nueva creación están ahora experimentando y empezando a implementar la tecnología de la cadena de bloqueo porque han visto lo bien que funciona en Bitcoin y las criptodivisas.

Ahora que sabes que puedes confiar en la tecnología detrás de las Criptomoneda, discutamos las estafas más comunes de las que mucha gente es presa.

Estafa #1 - Intercambios de Bitcoin falsos

Hoy en día hay muchos intercambios de bitcoin de buena reputación. Las plataformas más grandes y más populares que han existido en los últimos años son Coinbase, Kraken, CEX.io, Changelly, Bitstamp, Poloniex y Bitfinex. Dicho esto, no podemos responder por ninguna empresa aunque sea muy conocida en la industria.

Tendrá que hacer su debida diligencia investigando el historial de la compañía, las revisiones de los usuarios y determinar por sí mismo si quiere gastar su dinero fiduciario duramente ganado con ellos.

Demasiado bueno para ser cierto Tipos de cambio

Debido a la naturaleza altamente volátil de las criptodivisas (¡los precios pueden subir y bajar por un enorme margen en sólo unas pocas horas!), muchos personajes desagradables de Internet están aprovechando esta volatilidad. Se aprovechan de principiantes desprevenidos que no pueden detectar la diferencia entre un intercambio legítimo y uno falso.

Estos falsos intercambios de monedas pueden fácilmente poner sitios web de buen aspecto e impresionar a la gente con su apariencia aparentemente sofisticada. Enganchana la gente con sus promesas de precios más bajos que los del mercado y retornos garantizados. En pocas palabras, juegan con la codicia de la gente.

Imagina lo extasiado que te sentirías si descubrieras un sitio web que ofrece bitcoins a un 10% o 20% menos que las tarifas actuales de Coinbase o Kraken. Si estas grandes plataformas ofrecen 15.000 dólares por 1 bitcoin, y este otro sitio lo ofrece a 12.000 dólares, ¿no te entusiasmarías?

Ahorrarías tanto (¡3.000 dólares por bitcoin!), y puedes usar tus ahorros para comprar aún más bitcoins. ¡Ves, son ellos jugando con la codicia! Saben que la gente quiere comprar más bitcoins por menos dólares. ¿Y quién puede culpar a esas pobres víctimas? Si no lo supiéramos, podríamos caer en la misma estafa también.

Reciba el pago instantáneo de PayPal para sus Bitcoins

Otro método que estos falsos intercambios de bitcoins usan para robar sus bitcoins es que ofrecen comprar sus monedas a precios más altos que los del mercado, y luego enviar la cantidad equivalente en dólares a su dirección de PayPal.

Para el desprevenido propietario de los bitcoins, cree que está consiguiendo el mejor final del trato porque va a conseguir más dinero por sus bitcoins, y obtendrá el dinero al instante en su cuenta de PayPal.

Entonces, introduce la cantidad de monedas que quiere vender, confirma que está contento con la cantidad equivalente en dólares, escribe su dirección de PayPal para que le envíen el dinero, y espera. Y espera. Y espera un poco más.

Se pondrá en contacto con el sitio web, pero, por supuesto, no le responderán ahora porque tienen sus bitcoins (recuerde que todas las transacciones de bitcoins son definitivas e irreversibles una vez validadas).

En este punto, se dará cuenta de que acaba de ser estafado. Puede reportar el sitio y escribir malas críticas, pero ¿a quién engaña? Estos astutos estafadores se instalarán bajo un nuevo nombre de dominio y esperarán a su próxima víctima.

La clave es mantenerse alejado de los "intercambios" con tasas demasiado buenas para ser verdad. Como dice el refrán, si es demasiado bueno para ser verdad, probablemente lo sea.

Estafa #2 - Estafas de Phishing

Hay tantos tipos de estafas de phishing que proliferan hoy en día. ¿Alguna vez recibió un correo electrónico de su "banco" pidiéndole que verifique o actualice los detalles de su cuenta para asegurarse de que sus datos estén al día? ¿Y que tienes que hacer clic en el enlace del correo electrónico para actualizar tus datos?

Mucha gente sabe que este tipo de correos electrónicos no son más que una estafa. Los servicios modernos de correo electrónico envían estos correos basura a la carpeta de correo basura de todos modos, así que no se ven mucho hoy en día.

¡Pero con Bitcoin y la Criptomoneda siendo tan nuevos y tan calientes en las noticias ahora mismo, los estafadores están luchando para encontrar una manera de robar sus bitcoins accediendo a sus carteras digitales!

Estafas de phishing por correo electrónico

Los estafadores le enviarán un correo electrónico diseñado para que parezca que proviene de su servicio de billetera en línea (por eso no sugerimos almacenar grandes sumas de dinero virtual en sus billeteras de cambio).

En el correo electrónico, te pedirán que hagas clic en un enlace que te llevará a un sitio web falso. Se verá exactamente como su sitio web de intercambio o de cartera. Por supuesto, no es lo mismo porque el nombre del dominio será diferente.

Por ejemplo, si estás usando Coinbase, ellos usarán un dominio similar mal escrito como:

- Cooinbase

- Coiinbase

- Coinbasse

- Coinsbase

- Coinbase-Client-Update.com

- o algo similar…

Lo más probable es que tampoco tenga instalada una función de seguridad llamada SSL, lo que significa que el dominio comenzará con HTTP y no con HTTPS (los navegadores modernos como Chrome y Firefox deberían advertirte si es un sitio seguro o no).

Si caes en esta estafa de phishing, y te conectas al sitio de la billetera falsa, ¡los estafadores ahora tienen tus datos de acceso a tu billetera real!

Pueden bloquearte fácilmente de tu cuenta, y entonces tendrán la libertad de transferir cada moneda de bits que tengas a sus propias carteras.

Estafas de malware

En este tipo de estafa, los estafadores le pedirán que haga clic en un enlace ya sea por correo electrónico, anuncio de banner, anuncio de foro, o en cualquier lugar donde puedan publicar un enlace que luego descargará un tipo de malware a su computadora.

A menudo, estos malwares son registradores de teclas que registran todo lo que se escribe en el ordenador y envían la información a los estafadores. Así, si te conectas a tu cartera online, como Coinbase por ejemplo, ellos podrán ver tu nombre de usuario y tu contraseña, y entonces podrán acceder a tu cuenta y robarte fácilmente las monedas.

La clave para protegerse de este tipo de estafas es no hacer nunca clic en enlaces de fuentes no fiables.

Si no reconoce al remitente, o el nombre de dominio del sitio web está mal escrito, debe levantar una bandera roja, y debe reportar el correo electrónico y/o dejar el sitio de phishing de inmediato.

Además, considere la posibilidad de utilizar métodos de almacenamiento fuera de línea, como carteras de papel o carteras de hardware, de modo que incluso si los estafadores obtienen acceso a su cartera en línea, no tendrán nada que robar allí.

Estafa #3 - Estafas de la minería de nubes

La minería de nubes es una forma popular de convertirse en un minero de bitcoin. Ya no necesitas invertir en tu propia supercomputadora y unirte a un grupo de mineros para resolver complejos problemas de hachís criptográfico. Ni siquiera tienes que preocuparte por las caras facturas de electricidad.

Sólo tiene que inscribirse en un servicio de minería en nube (también conocido como granja minera), alquilar equipo de minería y recibir pagos proporcionales a su suscripción.

Aunque algunas empresas de minería de nubes son legítimas, hay muchos sitios web que prometen rendimientos poco realistas por sumas míseras, cuyo único propósito es robar su dinero.

Algunas de las señales de alerta más comunes cuando se busca unirse a un servicio de minería en la nube es la ausencia de una página "Acerca de", una página de "Términos de Uso/Servicio", una dirección física y/o un número de contacto.

Es posible que tampoco tengan un dominio seguro (no hay HTTPS antes de su nombre de dominio). Todos estos detalles son muy importantes para averiguar qué sitio es una estafa y cuál no. Puedes buscar en Google para obtener reseñas y visitar su sitio web para saber si son legítimos o no. La mayoría de las veces, estos sitios son anónimos, sin nombres ni rostros detrás de ellos.

Algunos pueden parecer legítimos al principio, pero mira más profundamente lo que tu inversión va a conseguir. Usted puede pagar eventualmente firmar un contrato que le va a costar unos pocos miles de dólares al año, pero ¿qué va a obtener a cambio? Tendrás que hacer las cuentas tú mismo y calcular si vas a terminar en el green.

La clave es que antes de gastar tu dinero ganado con esfuerzo, debes asegurarte de que estás tratando con una compañía legítima y no con un estafador anónimo que te hará llorar.

Investigue mucho, lea reseñas y navegue por las comunidades de minería en criptografía para obtener información sobre las mejores y más confiables empresas de minería en nube.

Estafa #4 - Estafas Ponzi

Las estafas Ponzi son probablemente más fáciles de detectar que las otras estafas que hemos cubierto hasta ahora en esta guía. Esto se debe a que las estafas Ponzi son bien conocidas por garantizar extravagantes ganancias en las inversiones con poco o ningún riesgo para los inversionistas. La gente cae en este tipo de estafas todo el tiempo porque la gente quiere un rendimiento garantizado de sus inversiones.

Con Bitcoin y la criptografía, cualquier empresa que garantice un rendimiento exponencial de cualquier inversión debe ser considerada como un estafador potencial. El mercado de la criptodivisa es altamente volátil, y un minuto el precio podría estar en un máximo histórico y al siguiente, está abajo por unos pocos cientos o unos pocos miles de dólares.

Debido a esta volatilidad, nunca debe creer a nadie que le diga que tiene garantizado un 10% de retorno de su inversión todos los días, o cualesquiera que sean los términos del estafador.

Dado que los esquemas Ponzi dependen de nuevos miembros, también conocidos como víctimas, para pagar a sus primeros inversores, suelen ofrecer incentivos a los miembros para que recluten a nuevas personas para que se unan a su red.

Es muy común que estafas como esta ofrezcan algún tipo de recompensa a los afiliados. Si remites a alguien para que invierta en la "empresa", recibes una compensación por tus esfuerzos.

Algunos esquemas Ponzi garantizan beneficios diarios *para siempre*. Si esto parece imposible, ciertamente lo es. Nadie sabe si los bitcoins estarán tanto tiempo y garantizar las ganancias diarias es una locura. Un inversor inteligente verá que ofertas como estas no son más que estafas diseñadas para robarte tu dinero o tus monedas.

¡De hecho, muchos de estos sitios de estafa prefieren los pagos con Bitcoin porque saben que las transacciones con Bitcoin no pueden ser revertidas o canceladas una vez enviadas! De cualquier manera, ya sea que requieran fiat o criptografía, sepan a quién le están enviando su dinero primero.

La clave es que si sabes que las ofertas de la compañía son demasiado buenas para ser verdad, entonces debes huir en la dirección opuesta. A veces, no tiene sentido buscar críticas en Internet cuando se trata de estafas como ésta, porque la mayoría de los "críticos" son los que se han metido en el juego antes de tiempo y por lo tanto ya han recibido algún rendimiento de su inversión.

Capítulo 10: El futuro de la Criptomoneda

Antes de hablar del futuro de la Criptomoneda, es importante recordar el pasado y cómo era la Criptomoneda en un principio. En 2008, cuando el fundador de Bitcoin, Satoshi Nakamoto, publicó por primera vez su libro blanco sobre Bitcoin, mucha gente dijo que era sólo una moda y una estafa diseñada para engañar a la gente a renunciar a su dinero "real".

Hubo muchos detractores y expertos financieros que dijeron que Bitcoin nunca será adoptado por las masas y que se esfumará y morirá en un año más o menos.

Afortunadamente, la comunidad de la Criptomoneda se unió y trabajó en conjunto para hacer de Bitcoin un éxito. Vieron el potencial de la tecnología de la cadena de bloques y lo que podría significar para el sector financiero. Vieron la necesidad de la criptodivisa porque la actual configuración financiera a través de los bancos y los gobiernos tenía demasiados problemas y estaba causando el colapso de las economías nacionales.

Vieron que mantener a raya la inflación era difícil con las monedas tradicionales y que los más pobres a menudo no tienen fácil acceso a los bancos. Recibir o enviar pagos era a menudo un dolor de cabeza, con las tasas de transacción consumiendo una cantidad significativa de dinero.

Los bancos cobran tarifas exorbitantes sólo para que sus clientes puedan acceder a su propio dinero, y el gobierno toma muy pocas medidas, si es que las toma, para ayudar a la gente.

Los partidarios de Bitcoin dicen que el sistema financiero moderno es un lío en el que los bancos y los gobiernos se confabulan o trabajan juntos, no para ayudar a las necesidades financieras de sus ciudadanos, sino para sacarles todo el dinero que puedan en términos de honorarios cobrados.

Bitcoin cambió todo eso. Con Bitcoin, estás eliminando al intermediario. No hay más bancos con los que tratar y ningún gobierno que espíe sus cuentas bancarias. Con Bitcoin, eres tu propio banco. Eres el cajero del banco que envía y recibe los pagos, y eres el banquero encargado de mantener tu dinero a salvo.

Bitcoin ha sido un líder en muchos frentes. Como la primera criptodivisa exitosa, ha preparado el camino para que otras criptomonedas tengan éxito y la comunidad global se ha dado cuenta poco a poco en estos últimos años. ¡Sigue leyendo para descubrir qué otras posibilidades traen Bitcoin y las cripto-monedas para el futuro!

Apoyo masivo de las masas

En la mayoría de los países desarrollados, obtener una tarjeta de crédito o un préstamo comercial es relativamente fácil. Sin embargo, en los países en vías de desarrollo, tendrías que pasar literalmente por los aros y la burocracia del gobierno antes de poder conseguir una. Pero con Bitcoin y la criptografía, todo lo que necesita es su cartera digital, y puede empezar a recibir criptografía de cualquier persona, en cualquier lugar del mundo.

Ni siquiera necesitas tu propia conexión a Internet en casa; simplemente puedes ir a algún lugar con un buen acceso a Internet y crear una cartera rápida en línea o en tu teléfono móvil. Por supuesto, almacenar su criptográfico en línea no es una buena idea, por lo que debería considerar la posibilidad de almacenarlo en un lugar frío, como una cartera de hardware o una cartera de papel.

Pero las carteras en línea son ideales para pequeñas transacciones, así que, si necesita pagar una factura de servicios públicos o de su tarjeta de crédito, simplemente escanee el código QR de la cartera de la compañía de servicios públicos y envíe su pago encriptado. No hay necesidad de pasar todo el día haciendo largas colas.

Hoy en día, ya hay muchas empresas que han empezado a aceptar pagos con bitcoins (aunque todavía son minoría). ¡Estos propietarios de negocios con visión de futuro ven el beneficio de aceptar bitcoins y se están beneficiando de esta decisión de negocios inteligente!

Puedes comprar prácticamente cualquier cosa con bitcoins. Puedes comprar billetes de avión, puedes alquilar coches, puedes pagar la matrícula de la universidad, puedes comprar comida, puedes comprar cosas en Amazon comprando tarjetas de regalo de Amazon en sitios de terceros, ¡y mucho más!

En el futuro, podemos esperar que muchas más empresas se suban al carro de los pagos con monedas, y sería una situación en la que todos saldrían ganando, tanto los propietarios de las empresas como los clientes.

Las empresas recibirán el pago rápidamente y en sus cuentas bancarias al día siguiente (utilizando una pasarela de pago como BitPay, que ofrece conversión instantánea de bitcoins a moneda fiduciaria), y los clientes podrán comprar artículos de una manera muy conveniente.

Bitcoin en las economías en desarrollo

No es sorprendente que Bitcoin haya visto una adopción masiva en los últimos años. De hecho, en Zimbabwe, la gente está usando bitcoins para hacer transacciones financieras. Con la desaparición del dólar de Zimbabwe, el país tuvo que recurrir a usar dólares americanos como moneda principal.

Sin embargo, no es una solución muy factible porque su gobierno no puede imprimir dólares americanos por sí mismo. Los venezolanos también están experimentando el mismo problema. El bolívar venezolano se ha vuelto tan hiperinflado que es casi inutilizable. La gente ha recurrido al uso de monedas para pagar los productos básicos, medicinas, alimentos y mucho más.

Para los zimbabwenses y venezolanos, así como para los vietnamitas, colombianos y ciudadanos de países con monedas súper infladas, Bitcoin es un faro de luz porque no está sujeto a los caprichos y manipulaciones de sus bancos locales o sus gobiernos.

Su actual situación económica es un perfecto ejemplo de la desventaja de tener una autoridad central para gestionar la moneda de un país, mientras que al mismo tiempo, pone de relieve todos los beneficios de utilizar Bitcoin, una red financiera descentralizada y 100% transparente.

Con Bitcoin obteniendo un apoyo masivo de la gente de los países en desarrollo, los gobiernos podrían pronto intervenir para regular el uso de Bitcoin y otras criptodivisas. Aunque no podemos predecir el futuro, por ahora, Bitcoin proporciona una maravillosa alternativa sin inflación a la moneda tradicional.

Y con los precios de Bitcoin y la criptodivisa por las nubes, esto da a mucha gente un gran poder adquisitivo que sus monedas nacionales no pueden proporcionar.

Pagos internacionales rápidos y baratos

Uno de los principales beneficios de los pagos de bitcoins es la rapidez con la que el receptor puede obtener sus bitcoins. Esto es perfecto para la gente que contrata a trabajadores independientes o empleados en el extranjero.

Los empleados no tienen que registrarse en una cuenta bancaria e incurrir en gastos a diestra y siniestra sólo porque reciben dinero de usted, un cliente internacional.

Por supuesto, no debemos dejar de mencionar los honorarios que usted mismo pagará a su banco cada vez que remita o transfiera dinero a sus trabajadores en el extranjero.

Además de los honorarios que usted y su destinatario pagan, también tendría que tener en cuenta el tipo de cambio. La mayoría de los bancos y servicios de transferencia de dinero normalmente le dirán por adelantado que "esto" es el tipo de cambio actual, pero cuando lo compare con los tipos reales, el tipo del banco será mucho más bajo.

Incluso para los pagos de PayPal, notará una diferencia en el tipo de cambio que utilizan. Es probable que no note el tipo de cambio cuando transfiera cantidades relativamente pequeñas, pero cuando realice transacciones en miles de dólares, las tarifas pueden sumar rápidamente una cantidad significativa.

Con Bitcoin, puedes decir adiós a todas estas tarifas exorbitantes.

Por cada transacción de monedas, tienes que pagar una pequeña comisión por los mineros, pero no es nada comparado con lo que te cobran tus bancos. Ya sea que envíes 1.000 bitcoins o 0,01 bitcoins, la tarifa de minería puede ser la misma ya que la tarifa se calcula en términos de bytes, no de cantidad de bitcoins.

El tamaño (en bytes) de su transacción dependerá del número de entradas y salidas por transacción. Sin entrar en detalles técnicos, lo que es importante tener en cuenta aquí es que las tarifas mineras son muy, muy pequeñas comparadas con las tarifas de su banco. Es por esto que Bitcoin y la criptografía van a cambiar el futuro. ¡Más gente hará transacciones directamente con los demás para evitar pagar esas costosas comisiones bancarias!

Con más y más personas que se envían Criptomoneda directamente entre sí, puede que ya no haya necesidad de servicios de transferencia de dinero de terceros o incluso de bancos. Aunque esto puede tardar muchos años en suceder, sigue siendo una posibilidad una vez que todo el mundo se eduque sobre las ventajas de utilizar la criptodivisa para enviar y recibir pagos de cualquier persona en el mundo en sólo unos minutos.

Combatir el crimen y la corrupción

A muchas personas les preocupa que la red Bitcoin sea utilizada por blanqueadores de dinero, criminales y funcionarios corruptos porque piensan que es una red anónima. Sí, todas las transacciones verificadas se registran en la cadena de bloqueo y no, no hay nombres listados allí.

Sólo se pueden ver códigos alfanuméricos, muchos de ellos de hecho. Si descargas el cliente Bitcoin Core gratuito y de código abierto, también necesitarás descargar toda la cadena de bloques que ya tiene más de 100 GB. Millones de transacciones de Bitcoin desde 2009 están almacenadas en la cadena de bloques. Incluso verás la primera transacción de su fundador, Satoshi Nakamoto.

Mencionamos esto para señalar el hecho de que Bitcoin no es realmente anónimo. En su lugar, es seudónimo, lo que significa que los usuarios pueden esconderse detrás de seudónimos, pero en una inspección detallada, los expertos forenses digitales pueden rastrear quién es el propietario de las carteras de Bitcoin.

Esto es, por supuesto, un esfuerzo que consume tiempo, pero cuando estás detrás de criminales que han lavado millones o miles de millones de dólares en monedas, entonces atraparlos se convierte en una prioridad. De hecho, los expertos dicen que es mejor que los criminales escondan su botín robado en cuentas bancarias en el extranjero con sus súper estrictas leyes de privacidad bancaria.

Pero bitcoin es más fácil de mover, por lo que la gente cree que puede ocultar fácilmente sus transacciones ilícitas en el laberinto alfanumérico conocido como la cadena de bloques. En resumen, un número de criminales han sido puestos tras las rejas gracias a Bitcoin y la cadena de bloques.

En el futuro, siempre y cuando la criptodivisa obtenga un apoyo y una adopción masivos por parte de las masas de todo el mundo, será más fácil para las autoridades rastrear y atrapar a los delincuentes que esperan utilizar las criptodivisas como medio para esconder y mover su dinero robado.

La tecnología de las cadenas de bloques se convertirá en la corriente principal

Muchos gobiernos, bancos y organizaciones privadas están estudiando la posibilidad de adoptar la tecnología de la cadena de bloques en sus productos y servicios. La cadena de bloques es la tecnología subyacente detrás de Bitcoin y otras criptodivisas.

> *La tecnología ya está empezando a recibir el reconocimiento y la adopción de muchos sectores en el mundo. Aunque esto puede llevar varios años, es al menos un guiño positivo a favor de la revolución de la cadena de bloques.*

Dos de las tecnologías de cadenas de bloqueo más populares hoy en día son el Etéreo y el Hiperledger. Puede que hayas oído hablar del Etéreo como la segunda Criptomoneda más popular, después de Bitcoin. Pero es más que una plataforma de moneda virtual.

Ethereum es una plataforma que permite a cualquiera crear contratos inteligentes que ayudan a la gente a comerciar o intercambiar cualquier cosa de valor, como dinero, propiedades, acciones, etc. El contrato es públicamente transparente y se registra en la cadena de bloqueo, lo que significa que otras personas son testigos del acuerdo.

Lo mejor de los contratos inteligentes es que básicamente se automatizan los contratos sin pagar por los servicios de un intermediario como un banco, un corredor de bolsa o un abogado.

Hyperledger, por otra parte, es un proyecto de colaboración entre industrias de código abierto con colaboradores de muchas empresas importantes como Deutsche Bank, IBM, Airbus y SAP.

Según su sitio web, la colaboración tiene por objeto desarrollar una "nueva generación de aplicaciones transaccionales que establezcan la confianza, la responsabilidad y la transparencia". Estas aplicaciones tienen el potencial de racionalizar los procesos comerciales y reducir el costo y la complejidad de diversos sistemas en el mundo real.

Estos son sólo algunos ejemplos de cómo la tecnología de cadenas de bloques va a cambiar el mundo en el futuro. Blockchain puede tener menos de una década de antigüedad, pero ya ha cambiado la vida de tantas personas para mejor.

¿Serás parte de la revolución de la Criptomoneda?

En esta guía, has aprendido muchos beneficios de usar la tecnología de Bitcoin, de la criptografía y de la cadena de bloques. Invertir en criptodivisa puede ser lo mejor para usted, aunque siempre es mejor investigar a fondo en qué criptodivisa invertir.

Bitcoin puede ser demasiado caro por ahora, pero recuerda que no tienes que comprar un bitcoin entero. Alternativamente, hay otras criptodivisas emergentes con buenos antecedentes en las que puede considerar invertir.

Con la criptodependencia que parece estar a punto de integrarse en los principales mercados financieros, la inversión en criptomonedas ya no es un pensamiento aterrador. De hecho, puede ser la mejor decisión financiera que usted tomará para su futuro y el de su familia.

www.ingramcontent.com/pod-product-compliance
Lightning Source LLC
LaVergne TN
LVHW081801050326

832903LV00027B/2047